目　錄

Chapter4
"零碳綠建築"演很大

Chapter5
涼感衣/發熱衣：馬扁一家親！

Chapter6
"常識邏輯"話減肥

Chapter7
專家：專門整人家！

自 序

「統計操控 vs. 常識邏輯」

1985 年(35 歲)，因自感"學然後而知不足"，乃決定放棄 11 年的工作經驗，前往美國攻讀機械碩士，當時的系主任認為「工程師必須懂統計分析」，規定研究生須到數學系修統計學課程，我選了一門統計分析學(Statistical Analysis)，上課第一天，教授列了一些參考書籍，其中一本迄今仍記憶猶新、受益無窮的書是：「How to Lie with Statistics」(如何用統計學說謊)；這是一本出版於 1954 年的小本書，全書僅約 150 頁，共有 10 個小單元，書中文圖並茂，列舉了許多玩弄統計數據的案例和利用統計學騙人的技巧。

此本 60 幾年前出版的書籍，作者「達瑞爾・霍夫」(Darrell Huft)，並非統計學家，也沒有教授頭銜，而是自由記者/作家，共撰寫了一系列 10 餘本「How to…」的書籍，可以說是一位「常識邏輯思考」專家。此本歷久彌新的另類統計學書籍，讓沒有統計學背景的讀者，了解統計數據如何掩飾真相、蒙騙讀者，因而創造出一新詞彙 "Statisticulation" (統計操控：利用統計數據誤導民眾)。

在 1980 年以前，「How to Lie with Statistics」是許多大學會計/統計系的指定參考書，因而成為史上最暢銷的統計學書籍，堪稱是統計學界的"安徒生童話"，在博客來…等網路書局，仍可買到英文版、簡體中文版、繁體中文版的書籍，只不過中文譯名不盡相同，有"統計數據會說謊"、"

統計數字會撒謊"及"統計數字騙了你"等譯名。

看這本書不是為了學會說謊，而是在這個充滿"假新聞"、"假報告"及"假論文"的時代，我們要了解常見的"統計操控手法"，學會如何以"常識邏輯思考法則"來判斷新聞、報告及論文的真實性。

2 年的碩士學習生涯中，並未覺得該書有何用途，然而，回國重新就業後，卻逐漸啟發老朽的「常識邏輯思考」潛能，因為工作上的關係，經常接觸學者專家的「空調節能分析報告」，而自己也常執行中央空調冰水機等空調設備的現場測試分析，並向業主作簡報說明。依「**常識邏輯思考法則**」，發現不少學者專家的「空調節能評估報告」，多在玩弄「統計操控」的手法，甚至偽造數據，因而曾於 2015 年出版「空調節能流言終結者」書籍，剖析 10 種空調節能常見的"統計操控"手法,並每種懸賞 5 萬元(※總獎金 50 萬元)，盼能導正似是而非的空調節能方式，或許因為賞金太低，迄今仍未有人出面領賞。

把「常識邏輯思考法則」應用在日常生活上時，發現週遭的政治界、學術界及廣告界等，均充斥著"統計操控或數據說謊"的真實版；例如：執政黨(※不論藍綠)均會提出對自己有利的統計數據，來證明自己執政期間的經濟成長率、GDP 及政績等比前朝高明，或者，碩博士論文的造假抄襲，或者，廣告商品說：「依實驗證明，本產品(比其他產品)有效」等事例，而這些被提出的數據可能是真的，也可能是玩弄"統計操控"，甚至可能是偽造或竄改。

通常，評估報告中的**量化數據**，多是將實驗、測試所得的原始數值，利用統計學原理，經過整理分析後而呈現出"量化"的**統計數據**，或美其名為**科學數據**，要了解統計數據/科學數據的玄機，可從(1)樣本源、(2)樣本數、(3)調查題目、(4)分析方法、(5)數據篩選，和(6)比較基準來觀察；例如，有些政論節目常見的"即時 call-in 民調"，這種民調的結果，多有偏差，由上述 6 項判斷準則來看即知，因為各新聞台的政治立場鮮明，其觀眾的立場也多與新聞台相同，故民調結果也可想而知；此外，民調單位的統計數據，要看民調單位的背景，就可了解其民調結果的可信賴性；政府版與民間版的評估報告會一致嗎？兩者均稱引用"科學數據"做根據，評估結果卻不一樣，是在玩弄"統計操控"？還是"偽造數據"？

退休後，為避免淪為"等吃、等睡、等死"的三等下流老人，老朽經常到圖書館看報紙，最喜歡看自由時報和聯合報，只要是政治相關的議題，兩報的報導永遠是對立攻防，難分真偽，事件的比較分析，可用來激盪腦力，預防老人癡呆症。

2020 年，可說是台灣的"政治瘋爆"年，政客互咬事件頻傳，"似真是假"的消息滿天飛，古稀之齡的老朽，原本早就"政治性冷感"，卻被激得"春心蕩漾、凍未條"，乃決定提筆疾書，一吐為快，**冷眼看世間，靜心批時事；退休怕無聊，寫書當消遣。**

作者簡介：何宗岳／股素人　(有話要說：何宗岳 Facebook)

出生：1950 年(雙子座)。	**本業著作**：(本名：何宗岳)
學歷：美國 Memphis 大學/機械碩士	1.消防排煙(風管)系統設計實務
資格：1.機械工程技師	2.空調工程設計實例分析
2.冷凍空調工程技師	3.空調節能流言終結者
3.甲級冷凍空調技術士	4.節能・減肥 D.I.Y.
4.美國 Engineer-in-training 及格	5.透視 儲冰空調
軟體：1.(恆溫濕)空調負荷計算軟體	6.無塵室規劃管理
2.風管(風車靜壓…)設計軟體	7.冷凍(廠)工程規劃管理
3.水管(泵揚程…)設計軟體	8.冷凍空調技師之路
專利：1.冷氣衣	9.離心式冰水機實務
2. C 罩杯	10.冷凍空調問題專輯
3.虹吸噴嘴	11.空調工程設計入門圖例
4.吸音鋁板	**理財著作**：(筆名：股素人)
5.負壓式氣動梭	★1.拒當下流老人的退休理財計劃
6.冷卻塔風力發電	2.理科阿伯的存股術
7. 冷凝器自動清洗機	3.收租股總覽 I
8. (熱泵)冰水機 COP 測試計	4.我用 4 張表存股賺 1 倍
現職：　退休轉理財及時事評論作家	**評論著作**：數據會說話？做伙來找碴！

百 善 孝 為 先

焉　父
能　母
不　情
陪　重
走　恩
餘　如
生　山

前　言
「別讓數據呼嚨你」

　　說謊是人類的劣根性，Everybody lies！說謊(※違心之論)大家都在做，把照片修得美美的亦是說謊(造假)的方式之一。世界共通的三大謊言是：(1)政治謊言、(2)學術謊言及(3)商業謊言，無所不在。(1)政治是硬拗的本事、(2)學術是偽裝的高手、(3)商業是產品的美妝師，各憑專業，玩弄"統計操控"手法，矇騙民眾，均是為了達目的而閃躲在法律邊緣的技倆。

　　本書所談的內容，均非老朽工作 40 多年的本業領域，只因退休之後閒得發瘋，每晚 8 點到 10 點之間，亂按電視遙控器，由 49 台看到 56 台，每逢廣告則轉另一台，對於各新聞台的播報內容，各說各話，感觸良多，乃決定以**第一篇「統計數據的操控」**打頭陣。

　　第一篇「統計數據的操控」，以社會新聞為題材，以「一貿各表，兩岸貿易，誰靠誰？誰怕誰？」為前奏曲，副歌分為三段，「台灣人均 GDP 49,827 美元，領先日本？」、「總平均薪資 56,652 元/月，如何算？」和「老人開車肇事率較高？」，尾奏曲則探討常見的「○○比馬桶髒 10 倍、百倍」新聞，分享台灣版的"統計操控"學。

　　第二篇「政治是硬拗的本事」，以政論新聞為題材，以"常識邏輯"的觀點，探討 2020 年的熱門政論話題，內容為

(1)「**政黨亡國論，藍綠皆有份**」，執政黨與在野黨之間的亂鬥紛爭，令人憂心，「諫有五，諷為上」，盼藍綠政客們能為台灣之前途，坐下來喝咖啡；(2)「**統獨之外第三條路：賣台灣？租台灣？**」，目前的政治氛圍是「*隔民黨不想統、嘆進黨不敢獨*」，而引出統獨之外的第三條路：「賣台灣兄弟分家」、「租台灣・現狀九九」；(3)「**台海風起雲湧，共軍攻台的常識邏輯觀**」，中共軍機擾台頻率大增，美國軍艦、軍機也頻繁地出現在台灣海峽，海峽兩岸的局勢，似乎愈來愈緊張，可能擦槍走火而發生戰爭嗎？(4)「**治國三寶：小編、鳴嘴與網軍**」，小編製作哏圖、鳴嘴加油添醋地攻擊在野黨，而網軍是躲在暗處放冷箭，這種類似"委外經營"的治國方式，不知台灣是否內亂 ing？(5)「**萊劑毒性是搖頭丸的 1/4，萊豬能吃嗎？**」，自 2020 年底，開放萊豬進口後，執政黨既然認定萊豬毒性在安全範圍之內，為何教育部、國防部、警政署及退輔會等，均宣示不讓學生、軍人、警察及榮民吃萊豬？為何不讓台灣養豬戶用萊劑？Why？長官聽到請回答！耳背長官不用答！

第三篇「三隻小豬的革命史」，以世界政治寓言名著為題材，「**動物農莊**」(Animal Farm)是 1945 年出版的政治寓言名著，暗諷俄國史達林獨裁者的崛起過程，此篇算是老朽的讀後心得，因而導出「政黨輪迴定律」：選舉換政黨→派系爭權利→鎮反為吾黨→威權轉貪腐，內容頗符合目前的政治氛圍，可以連貫第二篇的萊豬議題，和三隻小豬風潮的政治話題，不知如何更上一層樓的政客們，可由此篇的情節得到啟示。

　　第四篇「"零碳綠建築"演很大」，是學術界統計操控的典範；故事背景發生在第三篇的英格蘭「動物農莊」之內，敘述「動物農莊共和國」的豬總統，為了與人類世界接軌，配合全球性的綠建築趨勢，拼全力以建造一棟「全球最綠的綠建築」，因而不得不玩弄數據操控手法的情節，是基於"老子有錢、劈腿付費"的邏輯，而完成全球"第一綠"的「零碳綠建築」。*碳中和/綠建築是水中月？還是節能典範？*

　　第五篇「涼感衣/發熱衣：馬扁一家親」，是商業界統計操控的典範，以國中程度的熱傳導常識即知，熱由高溫處向低溫處流動，就像水由高處往低處流一樣，沒有外加動力，就不能發熱或製冷。所以，不管涼感衣或發熱衣，均沒有實質的效果，卻依然有人相信其廣告詞，願意花錢買較昂貴的涼感衣/發熱衣。

　　第六篇「常識邏輯話減肥」，「不吃最瘦」是減肥的不二法則，坊間的減肥方法雖然五花八門，但是共通點是**能量守恆定律**，亦即「input=output+脂肪」，本篇以常識邏輯思考法則，針對坊間常見的減肥觀，提出另類看法；此篇是老朽以「能量守恆定律減肥法」，體重由最高的 83 公斤，減為最低的 68 公斤的經驗談，希望有肥胖困擾的讀者，能以常識邏輯，思考坊間各種減肥法的適用性。

　　第七篇為「專家：專門整人家！」，Everybody lies！專家也一樣，專家有五種類型：(1)預設立場型、(2)道聽塗說型、(3)斷章取義型、(4)只知其一型,和(5)身不由己型,充斥在政治界、學術界與商業界之間,所以才會有同一件事有不同的見解,同一官司由初審一路上訴到最高法院,卻有不同的判決。Why do experts lie?"說謊硬拗"的動機一大堆,"身不由己"型是官場上特有的專家,"人在屋簷下,不得不低頭;長官有交代,必須要配合"。

本書的第五、六、七篇,是出自 2013 年出版之拙作「節能·減肥 DIY」的精華,當時自費出版了 2,000 本,僅供空調界工程師閱讀;此次改寫納入本書,是希望能跟更多人,分享老朽的"常識邏輯"觀。

"盡信書,不如無書",請以「常識邏輯思考法則」閱讀本書,是危言聳聽?還是杞人憂天?請讀者各自解讀,「諫有五,諷為上」;「說大人,則藐之」。佛渡有緣人,阿彌陀佛;神佑有心人,哈利路亞。天佑台灣,阿們!

> ※免責聲明(Disclaimer):
> 本書所談,全是基於"常識邏輯思考"所下的判斷,並不表示老朽具有專家等級的專業知識,也不保證"書中自有黃金屋"(※但保證"書中絕無顏如玉");看書本來就有風險(※失眠、眼澀、眼壓高),請依醫師指示閱讀!

民主社會多元化，9篇投書試水溫

　　本書完稿時，曾將與政治議題相關的文章精簡後，先在網路平台上投書、試水溫，所幸，除了「**統獨之外第三條路：賣台灣？租台灣？**」，5天內瀏覽人數超過3萬人，其中有20位*紅綠讀者*的負面回應外，其他8篇並無人回應或無激烈負評，顯然，讀者多為沉默的大多數。

　　民主社會本就容許不同的看法，只要不是假消息，聽聽不同聲音，無傷大雅。9篇投書如下：

(1)「**公投對抗爭是非，髮短心長露玄機**」，風傳媒/2021/4/12

(2)「**治國三寶：小編、名嘴與網軍**」，風傳媒/2021/4/18

(3)「**學術謊言：凡寫過，必留下筆跡**」，新頭殼 Newtalk/2021/4/22

(4)「**一貿各表，誰依存誰：如何解讀台灣出口到中國的總額創新高？**」，關鍵評論網/2021/4/24

(5)「**萊劑毒性是搖頭丸的4分之1，萊豬能吃嗎？**」，風傳媒/2021/4/26

(6)「**台海風起雲湧，共軍攻台的常識邏輯觀**」，風傳媒/2021/4/29

(7)「**政治是硬拗的本事**」，新頭殼 Newtalk/2021/5/04

(8)「**統獨之外第三條路：賣台灣？租台灣？**」，風傳媒/2021/5/07

(9)「**民調：79.8%民眾願為台灣而戰，信？不信？**」，風傳媒/2021/5/07

Chapter 1

統計數據的操控

1-1. 一貿各表，兩岸貿易，誰靠誰？誰怕誰？

1-2. 台灣人均 GDP 49,827 美元，領先日本？

1-3. 總平均薪資 56,652 元/月，如何算？

1-4. 老人開車的肇事率較高？

1-5. 「比馬桶髒 10 倍」的新聞為真？

第一篇 統計數據的操控

在「自序」中提到的「**如何用統計學說謊**(How to Lie with Statistics)」，啟發老朽的「常識邏輯思考」潛能，因而使老朽成為「盡信書、不如無書」的懷疑論者。

統計分析是全球公認的"科學數據"比較法，既然被冠以"科學"之名，吾人多相信"統計(分析)數據為真"，然而，即使原始數據為真，統計數據可能因(1)樣本源、(2)樣本數、(3)調查項目、(4)數據篩選、(5)分析方式和(6)比較基準等因素，而使統計數據產生不同的結果，若再加上分析者的蓄意操作，則成為統計操控的謊言，若加上標榜"科學"之名，則讀者很難辨其真偽。*※見20頁及56頁之實例說明。*

約50年前，老朽參加首批的大專兵寒訓，到成功嶺報到之後，在晚餐之前，僅穿內衣褲，剃光頭、量體重，八週後的結訓前一天，在晚餐之後，穿長袖軍服(※內加衛生衣)又量一次體重，結果每人均至少增重5公斤以上。成功嶺的長官並沒有造假，量測的體重數據均是真的，只因"不對等"的比較分析方式，而成為當年大專兵寒訓引以為傲的成果。

數字，由0到9的10個數字組成，利用統計學，可以把調查數據，有系統的呈現出來，原始的調查數據，可經由調查者或分析者的蓄意操作，而呈現出不同的結果，即使沒有竄改的數據，也可利用樣本源、樣本數及統計方法等方式，來呈現出可以誤導民眾，達到分析者或幕後藏鏡人的預期效果,例如:不同政黨所作的民調、評估報告、商品廣告或是學術界的研究論文等,比比皆是。

世界共通的語言:謊言;(1)政治謊言為權利、(2)學術謊言為功名及(3)商業謊言為利益,無所不在。(1)政治是硬拗的本事、(2)學術是偽裝的高手、(3)商業是產品的美妝師,各憑專業,玩弄"統計操控"手法,矇騙民眾,均是為了達目的而閃躲在法律邊緣的技倆。

以下是五種"真新聞"的"統計操控"報導內容,能讓民眾有不同感受的實例:(1)一貿各表,兩岸經貿,誰靠誰?誰怕誰?、(2)人均 GDP49,827 美元?領先日本?、(3)總平均月薪 56,652 元?如何算?、(4)老人開車肇事率較高?,和(5)比馬桶髒 10 倍的數字遊戲。

1-1. 一貿各表，兩岸經貿，誰靠誰？誰怕誰？

　　儘管 2020 年是藍綠惡鬥、風波不斷的一年，蔡英文除了連任執政，又成功的修舊法、立新法而穩固政權外，最讓蔡英文高興的，應是 2020 年的台灣經濟成長率高達 2.98%，領先全球所有已開發國家；受新冠肺炎的疫情影響，全球各大經濟體都受到波及，唯獨台灣因 2020 年的防疫效果佳，經濟成長率居亞洲四小龍之首，也是 30 年來首度超越中國的經濟成長率(2.3%)。此外，依財政部國際貿易局統計，2020 年前三季台灣的經濟成長率，為亞洲四小龍之冠，達 2.3%，還遙遙領先南韓的-0.8%、新加坡的-6.5%及香港的-7.2%。

　　或許因為如此，中國海關總署在 2021 年 1 月公佈統計數據：「2020 年台灣出口到中國的總額創新高，達 2,006.64 億美元，中國發言人說：「…中國是台灣的最大出口市場，如果沒有中國，台灣對外貿易將出現巨額的逆差，經濟難以維持正成長」。

　　台灣貿易是否過度依賴中國，綠營的財經專家，有截然不同的看法，認為：「就出口中國的品項來看，是中國需要依賴台灣進口」，到底真相如何？兩岸貿易誰靠誰？誰怕誰？

　　2020 年 1 月，海峽兩岸分別公佈了台灣與中國之間的貿易統計數據，表 1-1 是台灣與中國分別作的 2020 年 1～11 月統計數據；站在台灣當局的立場，為了顯示台灣對中國的依賴度不高,所以,盡量不列入不明確的進/出口項目,而中國的立場,必然盡量將不明確的進/出口項目列入統計,因而導致雙方的統計貿易總額數據之差距高達 20%,而且,台灣對中國出口額之差距更高達 32%。

表 1-1 . 2020 年海峽兩岸進/出口貿易統計表

統計單位	台對中貿易總額	台對中出口額	台由中進口額	台對中貿易順差
台灣財政部	2,162.23 億美元	1,514.52 億美元	647.71 億美元	866.73 億美元
中國海關總署	2,608.05 億美元	2,006.64 億美元	601.41 億美元	1,405.2 億美元

資料來源:中時新聞網(2021/1/14):2020 年大陸對台灣進口突破 2,000 億美元。

光看兩岸之間的進/出口貿易金額,仍看不出台灣對中國的**貿易依存度**(Foreign Trade Degree of Dependence, FTD)。FTD 的定義是進/出口貿易總額與同期間之國內生產毛額 (GDP)的比值,即

$$FTD(\%)=(Ex+Im) \div GDP*100\%$$

進口總額
出口總額

表 1-2 是台灣財政部公佈之對亞洲地區的貿易統計資料,台灣對中國(含香港)的 2020 年 1～11 月之出口總額為 1,367.4 億美元,對中國出口比例占全球出口總額的 43.8%,而台灣對中國的貿易依存度(FTD)則為 34.1%,顯然,台灣的經濟對中國的依賴已深,**中國方面說**:「沒有對中國的出口,台灣會出現巨額貿易逆差,經濟將難以維持正成長」,而**台灣方面說**:「以出口的產品項目而言,是中國需要依賴

自台灣進口」，就如「九二共識」一樣，中國與台灣各自解讀。

表 1-2. 台灣對中國(含香港)出/進口統計 　　　　　　　　單位：億美元；%

年(月)別	總額			出口			進口			出(入)超	
	金額	比重	成長率	金額	比重	成長率	金額	比重	成長率	金額	成長率
2016年	1,573.1	30.9	-1.1	1,119.9	40.1	-0.4	453.2	19.8	-3.0	666.6	1.5
2017年	1,814.6	31.7	15.4	1,299.1	41.2	16.0	515.5	20.0	13.7	783.6	17.5
2018年	1,931.0	31.2	6.4	1,379.0	41.3	6.1	552.0	19.4	7.1	827.0	5.5
2019年	1,905.7	31.0	-1.3	1,321.1	40.1	-4.2	584.6	20.5	5.9	736.6	-10.9
2020年1至11月	1,951.5	34.1	12.9	1,367.4	43.8	14.0	584.2	22.5	10.2	783.2	17.1

資料來源：台灣財政部貿易統計資料

　　若依前述的貿易依存度(FTD)之計算公式來看，不管是高科技產品，還是日常用品，進/出口貿易總額(※分子)，決定了 FTD(%)；然而，有某位綠營的學者以不同基準來解讀貿易依存度；認為台灣九成以上的高科技產品，是外銷中國以外的市場，所以貿易依存度不能單純從進/出口貿易總額來斷定，因而認為中國是誇大"台灣對中國的依賴程度"。

　　這種論點頗受綠營高層的讚賞，至於台灣經貿是否真的過度依賴中國，光是一個 2021 年 3 月的"停止進口鳳梨"危機不夠看，也只有等中國切斷對台灣的貿易往來時，才知道結果；同時，他在談對中國進/出口貿易時，故意只談"不含香港"的中國部分(※表 1-3)，以降低台灣對中國的貿易依存度的百分比，不失為高明的"統計操控手法"(※大多數人不會去查看細節)。

表 1-3. 台灣前 5 大貿易國之貿易情形(2020 年 1～11 月)　　單位：億美元(%)

州/國家	2020 年 1～11 月				占我貿易總額/進/出口比重			成長率			
	總額	出口	進口	出(入)超	總額	出口	進口	總額	出口	進口	出(入)超
中國(含香港)	1,951.5	1,367.4	584.2	783.2	34.1	43.8	22.5	12.9	14.0	10.2	17.1
大陸	1,498.9	925.4	573.5	351.9	26.2	29.6	22.1	10.7	11.1	10.2	12.4
香港	452.6	441.9	10.6	431.3	7.9	14.2	0.4	20.5	20.8	9.2	21.1
美國	756.7	460.3	296.4	163.9	13.2	14.7	11.4	2.6	9.5	-6.6	59.0
日本	628.9	213.7	415.2	-201.5	11.0	6.8	16.0	3.0	0.3	4.5	9.4
韓國	322.3	137.2	185.1	-47.9	5.6	4.4	7.1	2.5	-10.0	14.2	399.3
新加坡	254.8	173.7	81.1	92.5	4.5	5.6	3.1	6.9	4.3	13.0	-2.3

資料來源：台灣經濟部國際貿易局

　　依台灣財政部的統計數據，2020 年 1～11 月台灣對中國出口額，占總出口額的 43.8%，較 2019 年同期增加 3.7%，台灣對中國的出口依賴度，不但未因新冠肺炎疫情而下降，反而更加依賴中國；90%以上的鳳梨、蓮霧、芒果等農產品，均銷往中國，萬一中國切斷兩案的經貿往來，馬上影響果農生計，即使全台灣人民改吃水果餐，又換成米農、菜農及肉商唉唉叫，不知執政黨是否有其他的超前部署對策？

　　2021 年 4 月 9 日，財政部公告「2011 年海關進出口貿易初步統計」之後，蔡總統的臉書隨之公告三項政績：(1)史上首次單月出口逾 1 兆元新台幣、(2)連續 9 個月出口維持正成長、和(3)出口年增率達 27.1%。

　　國民黨批評兩岸出口貿易連續創新高是"舔共賤台"，柿子挑軟的吃，數據挑好的報；民進黨發言人表示：「請國民黨勿將出口數字創新高，扭曲為台灣對中國經濟更加依賴，有經濟專家指出，美中貿易戰下，造成中國對台灣擴大採購拉貨，反而是證明中國需要台灣」。

　　話這樣說似乎也有道理，2020 年的台灣對中國**貿易依存度(FTD)**，創下歷史新高，好像也不是壞事；不過，在 2016 年以前馬英九執政時，只要兩岸的貿易進/出口額增加時，民進黨為何要罵國民黨"親中賣台"？現在當了執政黨，尻川頭殼一起換，話鋒轉得快，顯得格外的諷刺。

數據會說話，說什麼話？

執政黨：電力碳排放*成果卓越*，由 2000 年的 21.21g/GDP 元，降至 2019 年的 13.52 g/GDP 元，減少了 36.3%。

在野黨：電力碳排量*不減反增*，由 2000 年的 209.2 百萬噸，增至 2019 年的 258.7 百萬噸，增加了 24.1%。

　　孰是孰非？兩者都對，均引用能源局「我國燃料燃燒 CO_2 排放統計」(2020/7)資料，結果卻相反；**執政黨**的曲線下降，**在野黨**的曲線上升，而且若改變*縱座標*刻度，亦可改變曲線的上升或下降幅度，這就是"統計操控"的奧妙！

1-2. 台灣人均 GDP 49,827 美元，領先日本？

2018 年 9 月，蔡總統說：「台灣的人均 GDP 為 49,827 美元，全球排名第 15(2017 年)，…」，這不是假消息！

2008 年初馬英九競選總統時，喊出「2016 年人均 GDP30,000 美元」的口號，10 多年來一直被民進黨拿來當冷嘲熱諷的把柄；事實上，早在陳水扁時代的 2006 年，蘇貞昌院長就喊過更誇張的「Taiwan Double：2016 年人均 GDP 達 32,000 美元」，當時的蘇院長看似信口開河地喊出「10 年 32,000 美元」的目標，其實不然，深謀遠慮的蘇貞昌應該是想幹完行政院長之後，跟蔣經國一樣再幹 2 任總統，則可達到 2016 年 32,000 美元的目標，可惜台灣人民沒有福氣，蘇貞昌只幹 1 年多就走人了。

不過，台灣人民仍然有機會，受了美國 2 位 70 幾歲銀髮族(※拜登 78 歲、川普 73 歲)，爭奪唯一總統職缺的鼓舞，只要蘇貞昌能再幹 2 年行政院長，等到 2024 年時，77 歲的蘇爺爺，還是可能出來選總統。

「國民平均所得」簡稱人均 GDP(=國內生產總值/人口數)，長久以來一直是國際間習用的衡量一個國家財富的基準，有①國際貨幣基金組織(IMF)、②世界銀行(WB)及③美國中央情報局(CIA)三種版本，其公告金額及排名稍有不同，但差異不大。多年來，國人都了解，台灣的人均 GDP，均落後於日本、新加坡、香港及韓國，如表 1-4 所示，早在

30 多年前的 1988 年，日本的人均 GDP(25,051 美元)就高於台灣 2018 年的 24,889 美元。

表 1-4. 亞洲五國近年人均 GDP 及人均 GDP/PPP　　(單位：美元)

人均 GDP	日本	台灣	香港	新加坡	南韓
1988	25,051	6,369	10,609	8914	4,686
1992	31,464	10,778	17,976	16,135	8,001
1993	35,765	11,251	20,395	18,290	8,740
1995	43,440	13,129	23,497	24,914	12,332
1998	31,902	12,840	25,808	21,829	8,085
2007	35,275	17,814	30,594	39,432	23,060
2009	40,855	16,988	30,697	38,927	18,291
2015	34,524	22,384	42,431	55,646	27,105
2018 人均 GDP	40,063 (24 名)	24,889 (38 名)	46,077 (20 名)	55,231 (12 名)	30,919 (28 名)
2018 人均 GDP/PPP	44,227 (31 名)	53,023 (17 名)	64,216 (11 名)	100,345 (4 名)	41,351 (32 名)

出處：國際貨幣基金組織(IMF) (※本書製表)

　　2020 年，日本最低時的時薪是 901 日幣(≒234 元/台幣/時)，大學畢業生的起薪約 21 萬日幣/月(≒5.5 萬台幣/月)；台灣最低時薪是 160 元/時，最低工資是 24,000 元/月，台灣大學畢業生的起薪約 29,000 元/月，台灣人的薪資及生活水平，一直都是落後於日本，是不爭的事實，那麼，蔡總統說的台灣人均 GDP49,827 美元，從何而來？

　　如果改用以鮮為人知的**購買力平價(PPP)**作基礎，依各國生活費及匯率調整後的另一種「人均 GDP/PPP」法，結果就大不相同；「人均 GDP/PPP」法，在台灣的歷任總統中，從未被引用過。在 2018 年 9 月，蔡總統說：「台灣的人均

GDP 為 49,827 美元，全球排名第 15(2017 年)，高於韓國的 39,387 美元(排名第 25)」;您可能會以為自己聽錯了,但是,這不是假新聞,只是這數據不是"人均 GDP",而是"人均 GDP/PPP"。

聽到此數據,您會引以為傲呢?還是引以為惱?此數據就是引用「人均 GDP/PPP 法」,而其出處是來自中央銀行總裁楊金龍 2018 年 4 月 2 日,對立法院財政委員會提出的報告(「**20 年來我國經濟成長率、通貨膨脹率及人均 GDP 與新加坡、韓國及香港之比較**」,第 11 頁),楊總裁剛升上總裁(2018 年 2 月)就為蔡總統立了一個大功。

再依 2019 年 4 月 IMF 的公告,台灣 2018 年的人均 GDP/PPP 為 53,023 美元(※表 1-4),排名第 17,不僅領先日本的 44,227 美元(31 名)及南韓的 41,351 美元(32 名),而且高於瑞典、德國、丹麥、加拿大、芬蘭、法國、英國等全球知名的先進國家,感覺到您驚人的購買力和高所得的成就感嗎?

1-3. 總平均薪資 56,652 元/月，如何算？

　　2018 年「五一勞動節全國模範勞工表揚典禮」時，當時的行政院長賴清德說：「台灣勞工平均收入創下歷史新高，逼近 5 萬元」，許多網友不以為然，在網路上留言：「對不起大家，我拉低薪資平均值了！」、「抱歉，我是台灣勞工薪資的毒瘤。」…。2020 年 2 月 19 日行政院主計總處的新聞稿說：「2019 年，本國籍全時受雇員工之每人每月**總薪資平均為 56,652 元…**」。這是官方的統計數字，讓大多數的上班族欲哭無淚，無語問蒼天。

　　長官的幕僚多是"柿子挑軟的吃，數據挑好的報"，其實，統計學本身就有數種統計方式，而薪資金額亦有多種名目，光是行政院主計總處的資料中，薪資分為①總薪資、②經常性薪資、③平均薪資、④中位數薪資、⑤十分位數薪資、⑥實質經常性薪資和⑦實質總薪資；而勞動部的資料中，薪資分為①經常性薪資、②非經常性薪資、③勞保投保薪資及④勞退提繳薪資之分，尚有⑤本國籍員工薪資及⑥全體員工薪資等之分，相信完全搞懂上述 10 餘種薪資定義的人，大概少之又少。

　　總薪資(經常性薪資)平均數：係指全體受雇員工之總薪資(經常性薪資)的平均值。由於薪資有下限(勞保第一級 24,000 元)，而沒有上限，電子新貴及金融業、保險業等高所得之私人企業的員工，有所謂的"極端高薪者"，其薪資使**平均數**與**中位數**的差距愈來愈大，如表 1-5 所示。

表 1-5. (工業及服務業)受雇員工總薪資之**中位數與平均數**

年份	2012	2013	2014	2015	2016	2017	2018
中位數(萬元/年)	44.2	44.4	45.4	46.3	46.4	47.4	49.0
年增率	—	0.28%	2.42%	1.84%	0.39%	2.00%	3.52%
平均數(萬元/年)	55.3	55.4	57.4	58.8	59.1	60.6	62.9
年增率	—	0.14%	3.59%	2.49%	0.49%	2.46%	3.82%
中位數與平數差距(萬元/年)	-11.1	-11.0	-12.0	-12.5	-12.7	-13.2	-13.9
中位數與平均數比值	0.799	0.801	0.792	0.786	0.786	0.782	0.780

出處：行政院主計總處 2019/12/29 新聞稿(※本書製表)

依表 1-5 所示，2018 年總薪資平均數為 62.9 萬元/年 (≒52,417 元/月)，所以，賴院長說的，應該是工業及服務業之本國籍全工時員工的**總薪資平均月薪**，表 1-5 中之**中位數約為平均數**的 79%，但是，大多數上班族想到的，應該是每個月拿到手的實領薪資月薪(※扣除勞健保自付額、勞退自提 6%、員工福利金等費用)，顯然會有更大的差距。PS：欲知薪資行情之比較，詳見拙作「**拒當下流老人的退休理財計劃**」。

一般上班族應該看**中位數**薪資，才不會"太鬱卒"，主計總處 2019 年 12 月 19 之新聞稿，提及 2018 年工業及服務業受雇員工全年總薪資之**中位數**為 49.0 萬元(※表 1-5)，亦即百分之五十之受雇員工的總薪資低於 49 萬元。

註 1：**經常性月薪**：勞工每月所領取的工作報酬，包含本薪及按月給付的固定津貼及不固定(工作)獎金等收入。

註2：**總平均月薪**：指勞工全年度所領到的報酬，包括經常
　　性薪資、年終獎金與各種琳瑯滿目的獎金、津貼、補
　　助費等收入的總和，再除以 12 所得的平均值。

註3：**平均月薪**：指所有人之月薪總和的平均值。

註4：**中位數月薪**：指所有人之月薪中，其中有 50%高於某
　　數值(A)時，A 即為中位數。

例如：紅海公司的員工薪資如表 1-6 所示，最低月薪為基本工資 24,000 元/月，最高階主管的月薪為 200,000 元/月，多數員工均為低薪族，月薪 130,000 萬元/月以上的高薪者僅 3 人，為提高公司形象，可以對外宣稱公司員工之平均月薪為 69,455 元/月，但公司員工月薪的中位數僅 35,000 元/月，這就是大多數勞工感受不到政府版之薪資所得的原因。

表 1-6. 平均值與中位數例

序號	姓名	月薪(元/月)
1	王志明	24,000
2	李春嬌	24,000
3	葉怡君	28,000
4	趙自強	30,000
5	黃淑娟	33,000
6	林自玲	35,000
7	劉的華	39,000
8	張主任	42,000
9	陳副理	130,000
10	李經理	180,000
11	總經理	200,000
月薪平均值		**月薪中位數**
69,455 元/月		35,000 元/月

"統計操控"，可以不用造假，只做選擇性分析，而讓讀者有不同的感受。所以，執政者為了宣揚政績，會談總薪資之平均月薪，而在野黨只會談中位數月薪。

1-4. 老人開車的肇事率較高？

交通部自從 2017 年 7 月起，規定「年滿 75 歲的汽機車駕駛，每 3 年須重新換發駕照」之後，老人交通事故的新聞報導似乎變多了。老朽今年 71 歲，所以，對老人交通事故的電視新聞感到特別敏感，一定耐心看完報導，再看隔天報紙的新聞，想知道老人到底是不是真的是車禍事故的主因。

網路上有「馬路三寶：老人、女人、老女人」的順口溜，而新聞媒體也意有所指的認為這三種人是造成馬路車禍事故的高危險群；所以，電視新聞常強調這位"這位女駕駛"、"駕駛是 60 多歲的老翁、老婦人"，而網路鄉民也有人會說：「女駕駛不意外」或「三寶不意外」；甚至有立委擬修法，禁止「(老人)不定時炸彈」上路，於是"老人駕車肇事率偏高"，是道路安全的不定時炸彈，自 2017 年起，就被擴大解讀為「老人是道路上的公敵」。但是，新聞報導"酒駕肇事"不會強調年齡，這似乎是有歧視"老人、女人"之嫌，至於第三寶"老女人"應只是趣味性順口溜而已。

依據警政署統計通報(2019 年第 11 週)：
(1)2018 年 A1 類道路交通事故年齡別肇事率，以「70 歲以上」及「18～29 歲」每 10 萬人口肇事 10.50 件及 8.49 件較高。

※A1 類道路交通事故，係指車輛或動力機械在道路上行駛，致造成人員當場或 24 小時內死亡之嚴重交通事故。

(2)肇事原因逾 9 成 4 為駕駛人過失，前 5 大肇事原因年齡別肇事率，除「酒後駕車」以 18～59 歲青壯年人口較高外，①「未依規定讓車 」、②「違反號誌、標管制」、③「轉彎不當」及④「行人(或乘客)疏失」，皆以「70 歲以上」最高。

由以上警政署的統計數據來看，很容易就會讓讀者相信「70 歲以上老人之開車肇事率較高」，但是，如果"找碴"做進一步"常識邏輯思考"分析時，則未必如此。

首先，說明(2)中之「行人(或乘客)疏失」，並非"開車/騎機車肇事"，所以不應計入計算，扣掉此項後，在表 1-7 中，尚有 10 項肇事原因，而「70 歲以上老人」，最高的項目僅占前三項，不能算多。若將說明(2)之內容改寫為：「其中"搶越行人穿越道"、"未依規定減速"及"超速失控"三項之肇事率，以 70 歲老人最低，而"酒後駕車"及"未保持安全距離"兩項，70 歲以上的老人均為倒數第二」，讀者還會認為「70 歲以上老人之肇事率最高」嗎？若僅以表 1-7 最下欄的總計肇事率，以「70 歲以上 10.50 最高」作為結論，此統計分析似乎是以偏概全、有失偏頗。

表 1-7. 2018 年 A1 類交通事故統計分析　　　　　單位：件；件/每 10 萬人口

年齡(歲)	總計	未依規定讓車	違反號誌、標誌管制	轉彎不當	酒後駕車	行人(乘客)疏失	未保持安全距離、間隔	搶越行人穿越道	未依規定減速	超速失控	逆向行駛	其他	人口數
總計(件數)	1,457	201	143	129	96	66	63	42	31	31	24	631	23,588,932
＜18	40	-	4	1	3	2	1	-	1	1	2	25	-
18～29	319	27	32	10	21	2	13	9	16	17	4	168	3,738,472
30～39	246	29	16	21	21	2	12	12	8	9	5	111	3,666,840
40～49	204	26	21	20	16	5	8	7	3	3	6	89	3,709,298
50～59	238	36	16	27	22	11	19	11	-	-	3	93	3,642,485
60～64	118	20	8	10	3	6	6	2	2	1	1	59	2,928,376
65～69	71	20	7	10	4	6	1	-	-	-	-	23	
≧70	219	43	39	30	6	32	3	-	1	1	3	61	2,124,941
總計(肇事率)	6.18	0.85	0.61	0.55	0.41	0.28	0.27	0.18	0.13	0.13	0.10	2.68	23,588,932
18～29	8.49	0.72	0.85	0.27	0.56	0.05	0.35	0.24	0.43	0.45	0.11	4.47	3,738,472
30～39	6.65	0.78	0.43	0.57	0.57	0.05	0.32	0.32	0.22	0.24	0.14	3.00	3,666,840
40～49	5.52	0.70	0.57	0.54	0.43	0.14	0.22	0.19	0.08	0.08	0.16	2.41	3,709,298
50～59	6.54	0.99	0.44	0.74	0.60	0.30	0.52	0.30	-	-	0.08	2.56	3,642,485
60～64	7.37	1.25	0.50	0.62	0.19	0.37	0.37	0.12	0.12	0.06	0.06	3.69	1,619,800
65～69	5.61	1.58	0.55	0.79	0.32	0.47	0.08	-	-	-	-	1.82	1,308,576
≧70	10.5	2.06	1.87	1.44	0.29	1.53	0.14	-	0.05	0.05	0.14	2.93	2,124,941

註：轉彎不當包含「變換車道或方向不當」、「左轉彎未依規定」、「右轉彎未依規定」、「迴轉未依規定」。

資料來源：(1)警政統計通報(2019 年第 11 週)。(2)人口數來自中華民國統計資訊網。

　　警政署的交通肇事原因之統計，將(含)70 歲以上的所有老人，列為同一年齡層，如表 1-7 所示。老人開車肇事率真的較高嗎？通常老人自知體力差，開車速度較慢，以老朽為例，65 歲以前，在高速公路上開車時，會將主動跟車系統(ACC)的車速設定為 115km/h；66～69 歲間，自感體力稍差(※慢跑速度變慢)，則將時速設定降為 110km/h；如今再將時速降為 105km/h，夜間開車或載金孫出遊時，再降

為 100km/h,乖乖地開在中線道或外線道。老杇開車 43 年,
僅在 56 歲時被闖紅燈車輛撞到側面,而留下唯一的車禍記
錄;家父 51 歲才開始開車,直到 81 歲為止,從無開車肇
事記錄,當然這可能是特例個案,不能做為判斷依據。

在中華民國統計資訊網的網站中,可查到 2018 年之 70
～100 歲的人口數,如表 1-8 所示,分別以 5 歲及 10 歲為
一組,統計到 100 歲,因此,表 1-7 的統計分析,應可再將
「70 歲以上」細分為"70～74"、"75～79"、"80～84"及"85 歲
以上"四組,來做比較分析。

表 1-8. 2018 年 70 歲以上人口統計

(a)依 5 歲年齡組區分

年齡(歲)	人數(人)
60～64	1,619,800
65～69	1,308,576
70～74	729,554
75～79	605,485
80～84	410,054
85～89	247,734
90～94	104,766
95～99	23,848
≧100	3,500
≧70 總計	2,124,941
≧60 總計	5,053,317

(b)依 10 歲年齡組區分

年齡(歲)	人數(人)
18	305,561
19	282,411
20～29	3,150,500
30～39	3,666,840
40～49	3,709,298
50～59	3,642,485
60～69	2,928,376
70～79	1,335,039
80～89	657,788
90～99	128,614
≧100	3,500

資料來源:中華民國內政部戶政司全球資訊網

表 1-7 之總肇事率將 ≧70 歲歸為一欄,若以"60～64
歲"及"65～69 歲"2 欄來看,「65～69 歲之肇事率為 5.61」低
於「60～64 歲之 7.37」,也許可推論是 65～69 歲,老人因
年齡較大而開車、騎車較慢,所以肇事率可能較低;故可

能只在某一年齡以上的老人，因體力/視力/健康等問題，才導致較高的肇事率。

此外，表 1-7 是包含汽機車之 A1 類交通事故統計，依行政院主計總處「第 130 號國情統計通報」(2019/7/12)，2018 年**騎乘機車**造成當場或 24 小時內死亡人數為 881 人，占 A1 類整體死亡數(※含汽車、機車)的 59%，而拉高了高齡**汽車駕駛**的肇事率。因為騎機車與開汽車的危險性與需求性均不同，在鄉下仍有 90 歲以上的老人在騎機車，故宜將汽車與機車的換照或停照的年限分開。

家父 80 歲時，還每週一晚上，載附近 3 位老朋友到 30km 外的某大學上"銀髮族課程"，經向家父說：「萬一出車禍傷亡，車上好友的家屬可能向你求償」之後，才說服他自 81 歲起不再開車，而我也每月再加給 3,000 元的計程車津貼，一直到 85 歲，看他動作遲緩，改買一輛電動三輪代步車，讓他騎車外出訪友購物，89 歲時，就不再讓他騎電動代步車，而改由外籍看護載他出門。

電視新聞有時候報導的畫面，是因駕駛酒駕睡著，而汽車停在十字路口、汽車駕駛突然病發、或是耍帥(蛇行、急彎)而出車禍，這些均與老人或女人無關，因此，「馬路三寶：老人、女人、老女人」，似乎應改為較中肯的說法：「新馬路三寶：酒駕、病駕、耍帥駕」。

若表 1-7 將 ≧70 歲再細分為 70～79 歲、80～89 歲和 90 歲以上，則肇事率最高的年齡層可能是年輕氣盛的 18～

29 歲(8.49%)。表 4-7 的統計分析，如果能改為 5 歲一區分，則可看出年輕人(18～25 歲)或新手上路是否確實肇事率最高，而到底是幾歲的老人才是真正的"道路安全殺手"，一旦提出"科學統計分析"數據，可明定"幾歲老人禁止開車"和取得駕照後，需有 200 小時的道路駕駛證明，才能開車上路。

1985 年老朽在美國田納西州 Memphis 市攻讀碩士時，住處不遠有一棟老人公寓(Nursing Home)，經常看到上、下車還拿拐杖的老人開車外出，當時覺得很驚訝，只不過美國地廣人稀，離最近的大賣場和餐廳區有 6 公里遠，若沒有車，高齡老人無法出門。

2016 年 5 月，公路總局曾試辦高齡駕駛「認知機能測驗」，測試第一週有 84 位老人參與測試，僅 57 位過關，亦即有 32%的老人未過關，多敗在第二關的「回復記憶思考能力」關卡，其實不僅是老人，如果沒有事先稍為了解測試方式的話，很可能連年輕人也會過不了關，所幸，網路上有公開的題庫，可供"自我測驗"練習。

看了看三道關卡的「認知測驗」試題，倒像是在測驗"是否有健忘症"的題目，據 2017 年 11 月台中區監理所所公佈的資料顯示，2017 年 7 月～11 月，共有 2,267 位剛滿 75 歲的長者換照，僅 14 位不合格，但經過練習之後再複測時，就全數過關了。由此來看，這種認知測試法，似乎僅浪費金錢、時間和人力罷了，訂 75 歲換照意義不大，宜直接改為 80 歲或 83 歲不得開汽車，88 歲以上不得騎機車(※在鄉下仍有許多 88 歲以上長者在騎機車)。

或者較務實的作法是，改為體能測試，例如：交互蹲跳 10 次或慢慢跑 5 分鐘 500 公尺 (※但是體能測驗時，若有人猝死，代誌就大條了)。不過，老人停開汽車或停騎機車之後，政府應有配套措施，例如繳交駕照後，依地區而異，每月領 1,500～3,000 元之交通津貼。

某天，一位久未見面的 60 歲出頭朋友，開車來載老朽去開會，下車時，才看到他走路一跛一跛的，他說因為脊髓病變，而無法正常走路，嚇得老朽自那次起，都婉拒他的好意，而自行開車前往。老朽的 60 多歲朋友當中，有一位輕微中風過，須拿拐杖慢行，另 1 位可能是喝酒過度，跟阿扁一樣，單手微抖，仍然自行開車。所以，宜改為體能測試，來決定是否可以開車，如此做亦可以讓老人養成運動的習慣。與其針對老人測試，不如將酒駕之罰款及刑責再提高數倍，才較能更有效的防止道路車禍事故。

1-5.「比馬桶髒 10 倍」的新聞為真？

"馬桶"，大概是日常生活中，最可能被視同為"骯髒"的代名詞，國內常有電視台、週刊等媒體採訪某些學者，或者將市售某食品、飲料送私人機構檢驗，結果經常看到的媒體報導是"手機比馬桶髒 10 倍"、"某食品之細菌超標"等類似的報導，這些報導是真的嗎？

上網搜尋時，發現這些"比馬桶髒"的生活必需品，多達 20 種以上；但是，若以"常識邏輯"思考，如果真的是"每日生活必需品"均比馬桶髒數十倍，那麼為何大多數人並未百病纏身、未經常掛急診吊點滴？

若依「如何用統計學說謊」一書的統計操控手法，看"比馬桶髒 10 倍"的理論基礎，問題可能出在(1)媒體斷章取義、(2)比較基準有誤、(3)取樣方式有誤三方面。如「自序」所述，老朽並非任何類的專家，只是一位慣用常識邏輯思考方式、研判週遭事件合理性之退休且無聊的工程師，為了了解事實的真相，老朽花了約 1 個多月的時間，分別以"比馬桶髒"、"How dirty of toilet bowl/seat"及"便座より汚い"，在台灣、歐美及日本的網站，下載近 30 多篇超過 200 頁的文章，仔細研讀，比較、分析之後，才完成此篇文章。

首先，來談馬桶或物品髒不髒是如何測試的？談到"馬桶的髒"，必然會想到細菌，而傳統的細菌數量測試法，是採用培養法，依食品法規定，至少需要等 2 天(48 小時)的時間，而對於某些特定細菌的培養，可能需要費時 10 天以上。因此，若非醫學用途，而只須了解環境、食品及飲料等乾淨程度時，約在 1990 年代，即開始採用 ATP(RLU)測試法，市售品牌很多，常用的儀器名稱為「ATP(冷光)測試計」，是用來測試含在有機物體(動物、植物、微生物等)內之活動能量來源的三磷酸腺苷(ATP，Adenosine triphosphate)的含量多寡，檢測值以相對光值(RLU，Relative Light Unit)表示，在 1 分鐘之內，即可知道測得 ATP 值或稱 RLU 值，用來量化物品的骯髒程度。

2016 年 5 月，壹週刊接獲民眾爆料說：「在南部瞬間爆紅的福知奶茶販賣機的奶茶有問題」，壹週刊立即發揮柯南辦案的精神，找到在高雄市仁武區的一座民宅生產處，直擊員工穿背心、拖鞋、摳腳抓癢、現場骯髒噁心景象，6 月初被壹週刊揭發後，各大新聞媒體爭相報導，引起高雄市衛生局的關切，赴現場查核，並抽驗福知奶茶販賣機的瓶裝奶茶後，發現二款奶茶生菌數確實超標，其中一款濃茶拿鐵之生菌數達 20 萬個/毫升(ml)，而飲料類微生物衛生標準為「包裝飲料 200CFU/ml」，超標 1,000 倍，除了慘遭網友撻伐譴責外，也遭勒令下架、停業。

事實上，大多數的家庭式食品餐飲店，其食品、飲料生產區的環境多不佳，經不起衛生局的檢查，"眼不見為淨"，想吃美食就不要看(※君子遠庖廚的古語今釋？)，否則就只能買符合食品 GMP、HACCP 規範工廠的產品了。

　　當時壹週刊將由福知奶茶販賣機所買的飲料，送交高雄輔英科技大學實驗室化驗,如圖 1-1 所示,測得 ATP(RLU)值為 12,000,依壹週刊報導,12,000RLU,是標準值 200RLU 的 60 倍,比馬桶坐墊 1,900RLU 高 7 倍,換句話說,送去化驗的飲料比馬桶蓋的生菌數多 7 倍。

圖 1-1.福知奶茶 RLU 測試值(12,000)

資料來源：壹週刊網站 https://tw.nextmgz.com/realtimenews/news/40443917 (2016/6/7)

　　然而,RLU 值並不等於生菌數,而且迄今國內並未有飲料、食品的 ATP(RLU)標準值,報導中所說的標準值 200RLU,是 ATP 測試計手冊之食品生產環境的建議參考值(※表 1-9 或表 1-10),壹週刊(或實驗室)引用錯誤的數據當標準值,卻誤打誤撞,揭發了一件黑心飲料。

表 1-9. (生產環境)建議合格與不合格之極限(RLU)表

生產環境之極限值	PASS 通過（合格）	FAIL 失敗（不合格）
生牛奶	100	300
生肉/魚/蛋	300	1000
生蔬菜/水果	500	1500
處理過的牛奶產品	70	200
處理過的肉/魚/蛋	70	200
處理過的蔬菜/水果	200	600
大量伙食供應	500	1500
清涼飲料（除果汁以外）	30	100

資料來源：「ATP 冷光儀(快速衛生監控系統)儀器構造圖及操作 SOP」

　　壹週刊乘勝追擊,在壹週刊網站可找到驚悚標題:「生菌數超標23倍,直擊鐵鏽菸屎煮仙草凍」(2016/7/5)的報導;另外,在東森新聞網也找到一篇「**隔夜楊桃汁"菌超標 190倍",比**馬桶**髒 10 倍**」(2016/7/28)的報導,兩篇報導相隔僅13天,而受委託測試者同樣是輔英科技大學。

　　不知是媒體斷章取義、譁眾取寵?還是誤解儀器使用手冊的意思?此舉可能讓民眾信以為真,這應該算是無心之過、無傷大雅的"假消息、假新聞"。※國內的"比馬桶(座)髒 10 倍"的報導,多將"座"字省略,過度解讀,以吸引讀者注意,而國外的報導均明確地寫為(Toilet Seat 或(日文)便座)。

　　表1-9是上述兩篇報導所附「RLU合格與否的建議值」,媒體誤將表 1-9 中的 RLU 值,當成生牛奶、生肉/魚/蛋…、清涼飲料等食品的 RLU 合格建議值;事實上,表 1-9 中,表頭欄即明確的標示為「生產環境之極限值」,並非食品本身的 RLU 標準值,顯然是引用錯誤,第一篇(壹週刊網站)的報導中,說:「仙草汁測出數值為 30 RLU,對應表 1-9"清涼飲料(除果汁以外)",符合食品安全規範的 30 RLU以內;不過,仙草凍對應" 處理過的蔬菜/水果"時,不但生菌對應數值高達 4,600 RLU,是標準值(200)的 23 倍之多」,實驗室是直接檢測(食品)仙草汁及仙草凍的 RLU 值,故不適用於表 1-9 之「生產環境之極限值」。

　　第二篇(東森新聞網)的報導，分別對楊桃汁與酸梅汁進行 RLU 值測試，再以表 1-9 之 RLU 值來比對，報導說：「楊桃汁測得數值為 19,000 RLU，對應"清涼飲料（除果汁以外）"，較食品安全規範的(不合格)100 RLU，為標準值的 190 倍；酸梅汁測得數值為 3,100 RLU，對應"清涼飲料（除果汁以外）"，為標準值(100)的 31 倍。兩樣飲料樣本檢驗結果均為不合格；其中楊桃汁的 19,000 RLU 對照之前實驗室所做馬桶墊的測試值為 1,700~1,900RLU，故約為馬桶墊數值的十倍」。

　　為了查證，老朽上網查檢測所用之 ATP 測試計(MERCK 公司，HY-Lite2)的英文使用手冊，其 Production Environment (生產環境)之 ATP(RLU)概略參考值如表 1-10 所示，對照表 1-9 之中文即可知，表 1-9 與表 1-10 確實是食品、飲料之生產環境的 ATP(RLU)概略參考值，而非食品、飲料本身的 ATP(RLU)參考值。

表 1-10. 食品生產環境的 ATP(RLU)概略參考值

Values are only a rough guideline

Production environment	Pass	Fail
Raw Milk	100	300
Raw Meat / Fish / Egg	300	1000
Raw Vegetable / Fruit	500	1500
Processed Milk / Milk products	70	200
Processed Meat / Fish / Egg	70	200
Processed Vegetable / Fruit	200	600
Mass Catering / Flight Catering Facilities	500	1500
Beverages	50	100

資料來源：MERCK 公司 ATP 測試計使用手冊

　　台灣、歐美及日本，均難以找到"比馬桶髒"的學術論文，多為(ATP)廠商，或是擦拭液、消毒劑等廠商所寫的小文章或宣傳影片，多不夠嚴謹，而且，馬桶座的 ATP(RLU)值南轅北轍，差異極大，例如：輔英科技大學實驗室提供馬桶座(※非馬桶)的 ATP(RLU)數據為 1,700～1,900，而網站上 BiOLux 的臉書，有一段"ATP Test on Toilet Seat"影片的 ATP(RLU)數據為 446，日本資料之馬桶座(便座)的 ATP(RLU)值在 44～3,000 之間。由此可知，並沒有所謂馬桶座的 ATP(RLU)基準值，因場所而異，均屬個案，也就是說，你要說"手機比馬桶座髒 10、50 或 100 倍"均有可能，完全操控在測試者的手中。

此外，ATP 冷光測試計也會因品牌不同而產生測試結果之差異，例如，美國 Hygiena 品牌有二款 ATP 測試計，EnSURE 及 SystemSURE plus，其合格(Pass)與不合格(Fail)之判定建議值差一倍，而日本 Kikkoman(龜甲萬)公司有一款量測範圍較廣的 ATP(A3)測試計，其測試值約為同公司舊款 ATP 測試計的 1.58 倍。

通常，醫院環境的 ATP(RLU)標準是 500RLU/100cm^2，亦即是 5RLU/cm^2，而菌落數 CFU(Colony Forming Unit)的標準是 2.5CFU/cm^2，菌落數高表示細菌/微生物很多，但是，ATP(RLU)數高，並不絕對等於細菌很多，"ATP(RLU)高"僅能說是很髒而已，亦即 ATP(RLU)與落菌數之間，並沒有絕對的單位換算係數存在。

ATP 應用之學術論文，多刊登在國內外之「感染控制與統計病學」的月刊中，例如表 1-11 是美國某一大學附屬醫院的研究論文「Monitoring the Effectiveness of Hospital Cleaning Practices by Use of an ATP Bioluminescence Assay」，為 20 間病房之 5 處最常接觸處的清潔前/後的 ATP 與 CFU 測試值，表 1-11 中之 20 間病房馬桶座(Toilet Seat)的 RLU 值，清潔前在 64 (min)～4,744(max)之間，清潔後之 RLU 的最大值(max)反而高達 6,488，原因不詳(※可能是清潔者不同之故)。

表 1-11. 美國某醫院 20 間病房之實測記錄

Unit of measure, time of sampling	Bedside rails	Overbed tables	Television remote controls	Bathroom grab bars	Toilet seats
Median ACC on culture	病床護欄	病床桌	電視遙控器	浴室扶手	
Before cleaning	43 (1 to >100)	21 (2 to >100)	20 (0 to >100)	9 (0 to >100)	14.5 (2 to >100)
After cleaning	19 (4 to >100)	57.5 (1 to >100)	15 (0 to >100)	2 (0 to >100)	1 (0 to >100)
Median RLU values					
Before cleaning	275 (73–3,070)	212 (15–13,413)	324 (54–7,993)	431 (40–1,987)	293 (64–4,744)
After cleaning	614 (32–3,254)	201 (9–2,658)	187 (50–2,296)	182 (33–2,338)	82 (12–6,488)

NOTE. ACC, aerobic colony count; RLU, relative light unit. (range)
資料來源：Infection Control and Hospital Epidemiology, Vol. 30, No. 7 (July 2009), pp. 678-684

2016 年 4 月 29 日發表於國內**感控雜誌**的「運用不同檢測方式評估某醫學中心環境清潔成效」，算是國內提及 ATP(RLU)測試較嚴謹的論文，如表 1-12 所示，連採驗面積亦清楚標示(※ATP 冷光測試計手冊廠商多要求採驗面積為 100cm^2)。

表 1-12. 各採檢點之平均檢測結果

採檢點	面積(cm^2)	ATP 冷光反應檢測法[2]			總菌落數法[2]		
		清潔前	清潔後	P	清潔前	清潔後	P
大門門把*	188	1,837	786	0.09	0.5	0.0	0.06
廁所門把*	149	1,517	664	0.03	4.0	0.5	0.06
冰箱把手*	40	2,598	504	0.03	1.2	1.0	0.88
廁所馬桶旁把手*	492	840	484	0.31	1.5	0.3	0.15
廁所馬桶座墊*	592	583	241	0.09	2.7	0.7	0.03
廁所電燈開關*	13	412	163	0.03	0.3	0.5	0.50
床旁桌	154	824	248	0.03	5.8	0.0	0.06
床欄	463	2,332	688	0.036	0.2	0.0	0.06
病房電話	163	505	72	0.06	1.0	0.0	0.06
陪病椅椅面	100	2,910	796	0.03	1.2	0.5	0.06
熱水瓶把手	77	893	232	0.06	3.8	0.7	0.13
櫥櫃把手	78	586	105	0.03	0.8	0.0	0.25
平均值		1,313	419	<0.01	1.9	0.4	<0.01

註1：*為每日清潔項目。※即使每日清潔，前4項仍比馬桶座髒。
註2：ATP冷光反應檢測單位為(RLU)，總菌落數法單位為 cfu/cm^2。
資料來源：國立台灣大學醫學院附設醫院「運用不同檢測方式評估某
醫學中心環境清潔成效」論文

　　此篇論文為台北台大醫院/感染控制中心等的實測報告，針對6間不同屬性的病房，由同一批人進行清潔工作，並分別以ATP冷光測試法與傳統細菌培養法，來衡量醫院環境是否乾淨的審查標準，如表1-12所示，其病房馬桶墊的終期清潔前ATP值為583，表1-12中的12處採樣點之ATP(RLU)，其中僅有2處低於馬桶座的ATP(RLU)值，由此可見，"馬桶的髒"是被"汙名化"了。

此篇論文亦指出「ATP 值與落菌數(CFU/cm^2)，並無絕對關係，例如：馬桶座墊之 ATP(RLU)值為 583，遠低於表 1-12 中之前 4 項，但其 CFU/cm^2 值均最高(※馬桶座可能有大腸桿菌之故)。

搜尋英、日文的網站，均查不到任何以 ATP(冷光)測試計，測試食品或飲料的 ATP 值，也查不到食品及飲料的 ATP(RLU)合格基準值。而國內之食品管理法或環境管理法，不管是食品 GMP、TQF、ISO 或 HACCP 規範，均沒有採用 ATP(RLU)值的標準，ATP(RLU)的參考標準值多是 ATP 冷光測試計廠商的經驗建議值，建議值除了表 1-10 是 MERCK 型錄之食品生產環境衛生的建議值(HY-LiTE®2)外，表 1-13 是日本「ATP・迅速檢查研究會」的建議值。

表 1-13. ATP(RLU)測試法之合格參考值

檢查箇所	管理規準值	
	合格	不合格
まな板 (砧板)	500 以下	1,000 以上
ボウル (碗)	200 以下	400 以上
バット (料理盤)	200 以下	400 以上
シンク (洗滌槽)	200 以下	400 以上
調理台 (流理台)	200 以下	400 以上
冷蔵庫取っ手 (冰箱手把)	200 以下	400 以上
手指	1,500 以下	3,000 以上

※合格と不合格の間は要注意と考えます。(※合格與不合格之間要注意)
資料來源：「ATP・迅速檢查研究会」

圖 1-2 是日本龜甲萬公司之 ATP 手冊所列的 15 項清潔前/後之實測 ATP 值，其中僅有④、⑤及⑦三項，比馬桶

座(③)乾淨，足見"○○比馬桶座髒 10 倍以上"並非空穴來風。

圖 1-2 . 環境清潔前/後之 ATP 參考值

測定場所	写真	清掃前	清掃後	評価※2	備考
① トイレ洗面台 廁所洗手台		14,202	885	要注意	経過観察 10cm×10cm
② 個室ドアロック 門鎖		5,860	329	合格	全体
③ 個室便座 馬桶座		(3,332)	164	合格	10cm×10cm
④ リモコンユニット 遙控器		1,340	270	合格	ボタン全箇所 按鈕全部
⑤ 個室フラッシュバルブ 馬桶冲水手把		452	36	合格	全体
⑥ 手すり 扶手		8,661	471	合格	全体
⑦ ペーパーホルダー 衛生紙架		1,818	278	合格	先端手が触れるところ 前端手接觸處
⑧ 受付電話ボタン 電話機按鈕		11,828	599	要注意	ボタン全部 按鈕全部
⑨ 受話器話し口 電話話筒		5,213	300	合格	全体
⑩ 受付前ソファ 沙發 背もたれ　椅背		14,010	9,303	要注意	洗剤、清掃方法検討 場合によっては、基準
⑪ 受付前ソファ 座る部分 沙發座		14,193	2,292	不合格	値を変更 (基準値1,000)
⑫ エレベーター電梯外 ホール側ボタン按鈕		21,299	795	要注意	経過観察 全体
⑬ エレベーター電梯内 カゴ内ボタン按鈕		8,584	1,041	合格	開 閉 11F 12F 4つのボタン 四個按鈕
⑭ シンク四隅 廚房洗滌槽角落		15,769	1,973	要注意	経過観察 四隅 1ヶ所5往復ふき取り
⑮ 流し台 廚房流理台		4,408	86	合格	10cm×10cm

資料來源：kikkoman Biochemifa Co. (ルミテスター活用ハンドブック)

　　由此可見，衛生環境及食品生產線的 ATP 參考標準值，宜由使用 ATP 測試計的公司，自行依其之前所有測試值的平均值，依場所之不同，取一經驗值做清潔前/後的驗收標準值；例如，有些醫院的 ATP(RLU)標準值訂為 500，亦有醫院依場所不同，而訂為 250 或 200 不等。

　　ATP 測試計是用於測量包含於微生物、細菌、動物及植物等有機體的能量來源 ATP 用，如圖 1-3 所示，它無法辨別死菌、活菌、還是動植物的殘留物，這就是為何廚房用的砧板，是家庭中 ATP(RLU)值最高的原因。

圖 1-3 . ATP 測試法分不清細菌或是食品殘留物

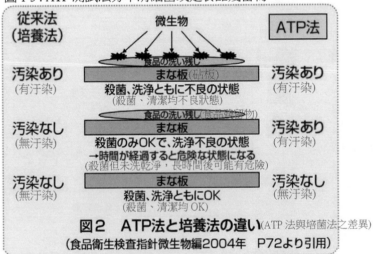

ATP(RLU)測試值僅可做為快速判定物品、環境設備乾淨與否的依據，而"ATP 值高不等於活體細菌多"！

週刊、媒體將某些著名冷飲/食品店的飲料、食品,送民間機構測試 ATP(RLU)值,隨即報導該食品、飲料的生菌量超標、比馬桶髒 XX 倍,平心而論,這對受驗廠商有失公平。首先,食品管理法或 HACCP 中,並無 ATP(RLU)的標準值;再者,不應只測試單一公司的產品,宜將多家市售的相同產品同時送驗,要看同類產品之 ATP(RLU)值是否近似,如果僅某家產品明顯超高許多,也只能判斷該產品"不乾淨",而不能說產品的"生菌數超標"。**※細菌數超標與否要看 CFU/ml 或 CFU/cm² 值**。

由於 ATP 測試計操作簡單,只要依使用手冊的步驟方法操作,1 分鐘內即可得到測試值。因此,任何人只要買一台 ATP 測試計(※價格多在 15,000～40,000 元之間),就可當 ATP 達人,拿著儀器在街坊上,找有名自助餐店的菜餚、冷飲店的飲料做測試,便會發現大多數食品、飲料的 ATP(RLU)值,多高於 200(※此值為**食品生產環境的 ATP 概略參考值**),可能會嚇到不敢吃,以 ATP(RLU)值當成生菌數含量,是大錯特錯的"假新聞",不宜發表;食品及飲料等之生菌數可查「食品安全衛生管理法」中之微生物衛生標準,例如:**「蔬果汁等飲料之生菌數標準是 10,000CFU/mg,若有容器包裝者,應 100CFU/mg 以下」**。

如圖 1-4 所示,幼兒吃手指頭、舔玩具是家長們司空見慣的事;日本有一上班族,看了「手機比馬桶座髒 70 倍以上」的報導之後,想到自己 1 歲多的幼兒經常玩他的手機並舔來舔去,因而感到不安,立即買了一台 ATP 測試計,並在臉書公告他的 ATP 測得值，他的手機 ATP 值是 6,570，老婆的化妝用粉撲是 7,232(※老婆看到臉都綠了)，電腦滑鼠是 90,000，而家中馬桶僅為 2,730，嚇得他趕緊買了一台多用途紫外線手機充電座(※圖 1-5)，供家裡的手機、牙刷、鑰匙串等小物品殺菌用。

圖 1-4a.手機常成為幼兒的玩具

圖 1-4b. 無不吸吮手指、玩具的幼兒

資料來源：https://dime.jp/genre/860085/

圖 1-5. 日本之殺菌式手機充電座

資料來源：https://dime.jp/genre/860085/

　　如果手機的 ATP(RLU)值 6,000，而馬桶座的 ATP(RLU)值 100，若拿把槍要你"二選一"舔一種，你要舔手機？還是舔馬桶座？老朽必然選舔較髒的手機，因為馬桶座的細菌可能有大腸桿菌，而手機上的細菌可能為無害的細菌或死菌。

　　日本的(八卦)SPA 週刊曾經做過一篇更誇張的專題報導，文章中的 ATP(RLU)值，分別為馬桶 753 及 G 罩杯巨乳的乳溝為 2,264(※圖 1-6)，乳溝比馬桶髒 3 倍，(色瞇瞇的男性)讀者必然不怕死，而選舔較髒的乳溝吧？SPA 週刊的結論是，**"ATP 值高與危險性高之間，並沒有絕對的關係"**。

圖 1-6. 日本 SPA 週刊的乳溝 RLU 測試

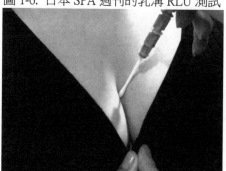

資料來源：https://nikkan-spa.jp/1253653?cx_clicks_art_mdl=7_title

　　由於馬桶座(Toilet Seat，便座)之 ATP(RLU)值，沒有一個標準值，若以前述台大醫院之終期清潔前的 583(※表 1-12)作基準，則吾人日常生活周遭的環境，比馬桶髒 5 倍、

10 倍，甚至 100 倍以上的物品比比皆是，綜合網路上的資料，至少有 20 項被認為"比馬桶座髒"的物品，分別為：
① 廚房砧板 (Cutting Board)、② 廚房洗碗海棉 (Kitchen Sponge)、
③ 廚房抹布 (Kitchen Cloth)、④ 牙刷 (Toothbrush)、⑤ 鈔票 (Paper Money)、
⑥ 手機 (Cellphone)、⑦ 枕頭/床舖 (Pillow/Bed Sheet)、⑧ 電視遙控器 (TV Remote)、
⑨ 電腦鍵盤 (PC Keyboard)、⑩ 冰箱手把 (Refrigerator Handle)、
⑪ 馬桶沖水手把 (Toilet Flusher Handle)、⑫ 電梯按鈕 (Elevator Buttons)、
⑬ 辦公桌面 (Office Desk)、⑭ 門把 (Door Handle)、⑮ 提款卡 (Debit Card)、
⑯ 浴巾 (Bath Towel)、⑰ 水龍頭手把 (Faucet Handle)、⑱ 手提包 (Handbag)、
⑲ 內衣褲 (Underwear)、⑳ 地毯 (Carpet)；

　　至於人體表面最髒的地方，依日本(八卦)SPA 週刊的實測，是男性腋下的 ATP(RLU)值高達 19,500，男性肛門上方股溝的 ATP(RLU)值為 5,973，儘管如此，大家仍然日子照過，"比馬桶髒的日常用品"之 ATP(RLU)值雖然高，絕大多數均為無害細菌或死菌，應不用過度緊張。

　　通常，日本一般住宅的廁所與浴室是分開的，廁所為木質地板，無排水孔，只能用抹布、拖把擦拭，大致上說

來，日本人很愛乾淨，如圖 1-7 所示，一般正常的純家庭
主婦，每天多會打掃一次衛浴室，如圖 1-8 所示，一般日
本家庭的馬桶座細菌數量，約3～50個/10cm^2(※此並非 ATP
值)。

圖 1-7. 每日進行清潔工作的日本家庭主婦

資料來源：https://dime.jp/genre/860085/

圖 1-8.日本一般家庭廁所之細菌數

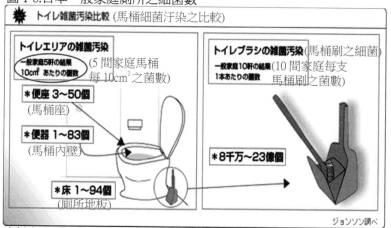

資料來源：https://scj.catalog.johnson.co.jp/life/souji_jyutsu/knowledge_03.html

　　圖 1-9 是日本山野美容藝術短期大學，2014 年 10 月，對 108 位男女學生所做的手掌與指甲之 ATP(RLU)的實測值，該校同時對馬桶座及上下樓梯扶手進行檢測，平均值為 179ATP(RLU)(44～438)及 485ATP(RLU)(48～2050)，看來該校的馬桶座還滿乾淨的。

圖 1-9. 「指甲縫比馬桶座髒 10 倍」的日本報導

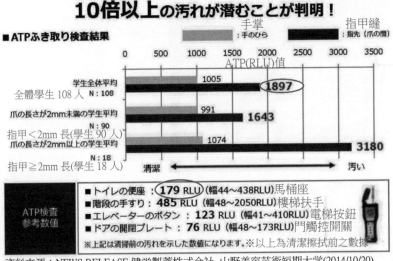

資料來源：NEWS RELEASE 健荣製薬株式会社 山野美容芸術短期大学(2014/10/20)

　　圖 1-10 是一家賣殺菌用臭氧水(Ozene Water)機廠商 BiOLUX 的 ATP(RLU)測試影片，手掌為 1,442RLU(※圖 1-10a)，是馬桶座 446RLU 的 3.2 倍(※圖 1-10b)。

圖 1-10a. 手掌 ATP(RLU)測試值 1,442　圖 1-10b. 馬桶座 ATP(RLU)測試值 446

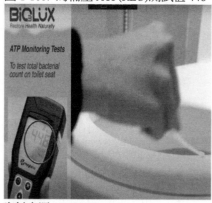

資料來源：LamboPlace
(https://www.youtube.com/watch?v=cw
M00F_h_1U&feature=youtu.be)

資料來源：BiOLUX Asia
(https://www.youtube.com/watch?v=wWuVR
ibR-Ko&feature=youtu.be)

　　老朽的手機使用 3 年多，從未擦拭清潔過，寫到此，老朽馬上以酒精擦拭手機、電視遙控器及冰箱手把等，順便把枕頭套及床單換掉。

　　微生物是指肉眼看不到的微小生物，可概分為細菌、病毒、真菌、藻類及原生蟲五類，其中細菌及病毒(※比細菌更小的微生物，需要有"宿主"(活細胞)才能繁殖，大部分病毒均可產生疾病)是造成人類生病的主因，細菌是微生物中種類及數量均最多的族群，稱為原核生物，包括大腸桿菌、沙門氏菌、金黃葡萄球菌等，但也有一些對腸道有益的細菌，例如大家所熟知的乳酸菌、益生菌；病毒則如 AIDS、SARS、新冠肺炎、感冒或肺炎，均為病毒族群。

　　細菌生長繁殖的條件有四項：(1)充份營養、(2)合適酸鹼度、(3)合適溫度，和(4)合適的氣體環境，因此，必須在實驗室以培養基(※含細菌生長繁殖所需的營養物質)培養觀察，才能了解細菌的數量與種類，大多數細菌的分裂繁殖相當快速，例如大腸桿菌，約 20～30 分鐘(※也有如結核菌需 20～30 小時)即可分裂倍增一次，在實驗室培養基(液)的最佳化環境下，1 個細胞經過 8 小時，即可繁殖到 200 萬個以上，10 個小時之後，即可能超過 10 億個，然而，細菌並非一直分裂繁殖下去，細菌的生長繁殖，如圖 1-11 所示，分為(1)遲緩期(Lag Phase)、(2)對數期(Log Phase)、(3)穩定期(Stationary Phase)，和衰亡期(Decline Phase)。

圖 1-11 . 細菌的生長繁殖期趨勢

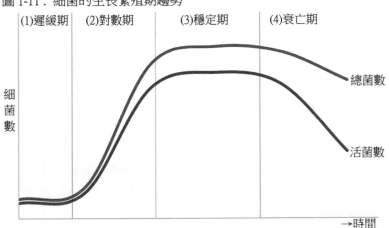

日本食品衛生法規定，一般活菌(生菌)培養法是「寒天培養基，35℃ 室溫、48 小時」，在自然界的細菌，受到環境因素的影響，且缺乏特殊養份的培養基，並不會出現在如

圖 1-11 培養基中那樣的生長曲線,細菌很可能某時間之後,即成為死菌,所以,「ATP(RLU)高 ≠ 活菌數多 ≠ 危險性高」。

日本龜甲萬(Kikkoman)公司的研究論文亦指出:「**儘管並未檢出生菌數,但因為可能殘存著(死菌等)有機物汙染,而有高的 ATP(RLU)值**」,如圖 1-3 所示,若僅殺菌消毒,而未清潔乾淨,則培養法可能測不到細菌數,但是,仍能測得到 ATP(RLU)值,而被判定為「有汙染」。

此外,對於同一標的物,昨日、明日或者 10 天後測試的 ATP(RLU)值或生菌數,均會不同,而生活環境中的大多數細菌,均是對人體無害的細菌或是死菌,所以,應不宜以簡單的 ATP(RLU)值,來判斷活菌超標與否,充其量只能得知該標的物是否骯髒,而需要進行清潔、消毒工作而已;或者說,ATP(RLU)值只能算是清潔、消毒工作是否合格的評價方法之一,特別適合清潔工作前/後清潔程度之比較。

人體皮膚上就遍佈著數百萬兆個微生物,而絕大多數就是細菌,因此,細菌多是與人類共生共存;人體內的器官亦有無數的細菌,但是大多數細菌多是無害,甚至少數細菌在某條件下,可能有益人體。人體的口腔內是最多無害、有害及有益細菌的棲息地,已有學科命名的就約有 300 種,喝一口水就會吞下數百萬個細菌,吞自己口水或許不噁心,然而,有報告說:「男女熱吻喇舌 20 秒,會導致 8,000 萬個細菌之交流」,不過情侶還是照樣熱吻喇舌,沒在怕。

數千年以來,人類就處於充滿細菌、微生物的大氣環境中,而對人體有害的細菌並不多,據目前所知,常見的壞菌大概有 30 種左右，例如：大腸桿菌、大腸菌群、沙門氏菌、(金黃)葡萄球菌、李斯特菌、霍亂弧菌、結核桿菌、腸炎弧菌及海洋弧菌等，均會影響人體健康；至於流行性(感冒)病毒、SARS、AIDS 及新冠肺炎病毒等，極可能短時間致命，多在人體的免疫力下降時，才會入侵人體，這大概可能是新冠肺炎死亡者，以老人或病患居多的原因，而坊間也有超多標榜"可增加人體免疫力"的補品、營養品。

2020 年 4 月，磐石艦確診染上新冠肺炎的官兵，下船後與親密友人直奔汽車旅館，而其親密友人均未感染新冠肺炎之事，老朽迄今仍百思不解，可能原因是幼兒時期注射多種疫苗中，有免疫抗體成份吧？

不過，變種病毒變厲害了，2021 年 5 月以前，政府一直自嗨於"防疫模範生"中，從未想由先進國家圍堵疫情的經驗中，記取教訓，才使得病毒由富諾特飯店/萬華的破口進入社區後，一發不可收拾，衛福部不得不於 5/19 開始實施"第三級警戒"；然而，在短缺疫苗時，政府不積極買疫苗，且找藉口刁難民間捐贈疫苗，卻擬在未完成第三期試驗前，讓國產疫苗上市"賭一把"。政府的防疫破功事件，被*時代週刊(TIME)*消遣為「⋯全球最膨風的 COVID-19 防線⋯」(⋯ the world's most vaunted COVID-19 defense⋯)，全文約 5 頁。 (https://time.com/6050316/taiwan-covid-19-outbreak-tea/)(2021/5/21)。*總統您累了嗎？請喝一箱蠻牛飲料後再上！*※採購國外疫苗優先，國產疫苗不用急，等性能確認/改善後，可做為以後每年必打的"防新冠肺炎"疫苗用。

　　3 歲以下兒童，經常在地上爬，舔玩具、吸吮手指等，沒洗手就拿零食往嘴巴塞，吃下的細菌應該很多，但大多沒事，依常識邏輯思考，吃下肚的細菌多為死菌，或者，無培養基就無法存活的壞菌；此外，胃部有胃酸，大部分被吃下的細菌多在胃內死亡(※胃是人體中細菌最少的器官)。事實上，"骯髒的食品"很多，但是，其中有害的細菌可能很少，例如：路邊的自助便當、夜市的美食，人來人往、口沫橫飛，ATP(RLU)值不高才怪，但那麼多人吃了都沒事(※如果出事就會上新聞，衛生局就會前往檢查，被迫停業)。

　　細菌無所不在，ATP(RLU)值高不等於(有害)細菌多，經過新冠肺炎的洗禮之後，戴口罩已成為一種不得不的時尚風潮，一般口罩的結構分為三層：外層為防噴沫；防塵的防濕層(※非防水)，中間層為過濾層，而與臉鼻接觸的內層為吸濕層(※吸收水氣與口水)，因為口、鼻之中有無數的細菌，所以戴了半天的口罩內層，實測的 ATP(RLU)值可高達 6,000 以上，但口罩外層的 ATP(RLU)值多仍在 1,000 以下(※剛拆封的口罩新品，ATP(RLU)值多 ≦10)。

　　很多人可能一個口罩戴 2、3 天，但是，相信沒有人敢為了省錢，而將使用過的口罩反過來戴，因為口罩內側是自己的無害或有益細菌，而口罩外層可能有新冠肺炎或流感等危險的病毒。*新冠肺炎(三級警戒)期間，"戴口罩未必無事，但不戴口罩必然有事"(染病或罰款)。*

「民調：79.8%民眾願為台灣而戰，信？不信？」

2121 年 5 月 1 日出刊的英國「**經濟學人**」雜誌封面，標題是「**地球上最危險的地方：台灣**」，蔡英文總統(4/30)在臉書上的回應是：「面對威權主義擴張的挑戰，**只要台灣人民團結一致…**」，這是假議題，所以以下不用看；民進黨的派系內鬥，蔡大人都搞不定，遑論還有國民黨在旁扯後腿。「*經濟學人*」的文章中，提到的另一個重點是：「*在一些民調中，台灣受訪者願意自己或親屬投入戰爭的人不到一半，這讓美方處境更尷尬…*」。

然而，「**台灣民主基金會**」在 2020 年 10 月 16 日公佈的最新民調顯示：「若中國大陸為統一對台使用武力，79.8%的受訪者願意為台灣而戰…」；您相信哪一個？

民調：共軍攻台時，你會選擇？(※四選一)

*(1)□離開台灣。(2)□在家聽天由命。(3)□按鍵盤與中共網軍打筆戰。**(4)□加入國軍上戰場。***

如果只需要 1,000 份的*樣本數*，民調單位可做足 5,000 份的樣本，再由其中挑選"符合需求"的答案，如此，「願意為台灣而戰之民眾的百分比，由 20%到 80%任你挑，這就是「*數據篩選*」的統計操控…，你還相信民調嗎？

「下雨天，留客天」；「留我不？留！」，「留我？不留！」

「79.8%民眾願為台灣而戰」；「信不？信！」，「信？不信！」

完整內容詳見「風傳媒」讀者投書 2021/05/07

Chapter 2

政治是硬拗的本事

2-1. 政黨亡國論，藍綠皆有份

2-2. 統獨之外第三條路：賣台灣？租台灣？

2-3. 台海風起雲湧，共軍攻台的常識邏輯觀

2-4. 治國三寶：小編、鳴嘴與網軍

2-5. 萊劑毒性是搖頭丸的 1/4，萊豬能吃嗎？

第二篇 政治是硬拗的本事

民主政治本是眾人之事，曾幾何時，台灣已成為在野黨不像在野黨，但是，執政黨更像在野黨，任由小編、鳴嘴、網軍霸凌全國，這是一個政客擾民亂國的時代，而這一切動亂的根源，就是「政治--硬拗的本事」。

每逢選舉期間，賄選疑案滿天飛，有人在家中被查到數百萬現金；有人在高鐵上丟了數百萬現金，卻均能硬拗成親友間之借貸關係，這不就是"硬拗的本事"？若依常識邏輯思考，一般小民對於鉅額的借款、還款，焉有不用匯款或支票而留下證據的道理？而法院的查辦結果，全看個人造化，政商界有句名言：「沒關係就有關係，有關係就沒關係」，是最佳的寫照。

「千錯萬錯」，永遠都是"前朝"的錯，台灣不愧是棒球王國，10 多年來，救援投手由"扁維拉"換成"馬維拉"，依然救不了台灣的政治亂局，政黨要生存執政，就需要"換位置也要換腦袋"，看看"美牛、萊豬"的議題政策就知道，政客們均具有"選擇性失憶症"的異稟，政黨輪替了，政客的腦袋也跟著換了，難怪時下的醫美診所，"換尻川、換頭殼"的政客特別多。執政黨的首要目標就是以"硬拗的本事"打垮在野黨、永續執政；而在野黨的首要目標就是"不分青紅皂白"，攻擊執政黨而伺機反攻總統府，宛如暴暴龍與笨笨龍共亂的侏儸紀共和國。

2-1. 政黨亡國論，藍綠皆有份

　　2020 年是台灣政論節目最瘋爆的一年，立場旗幟鮮明的政論節目，對於政治議題各取所需、各自解讀，其中可以攻防、談論長達 1 個月以上的「2020 年十大政論新聞」，依時間順序排列如下：

(1)台灣總統大選　　　　(6)美國總統大選
(2)新冠肺炎慌與亂　　　(7)中央圖房/哏圖
(3)罷免高雄市長/補選　 (8)牛肉麵風波/統編
(4)陳菊轉任監察院長　　(9)中天新聞台關台
(5)三倍券政策變變變　　(10)開放萊豬進口

　　其中的後五項事件集中在 2020 年底的 60 天內連環爆，而貫穿全場一整年的主角是中天新聞台。每件事情的真相只有一個，卻能有"正反兩極"的看法與說詞，孰是？孰非？讀者均各有立場，請自行解讀。

　　好玩的是，「美國總統大選」干卿底事？卻成為台灣的十大政論新聞，原來台灣的藍綠攻防戰，聚焦於「蔡總統是否押錯寶？」；事實上，川普敗選的台灣最大受害者應是郭台銘，可能使*商人問政*的能力受到質疑，不過，郭台銘經過九拐十八彎，*"被允許"*捐贈 500 萬劑疫苗之後，仍然有轉機，就看郭台銘之疫苗採購捐贈案的後續發展。於此，不由得佩服蔡總統之深謀遠慮，為了不讓郭台銘專美於前，而引發**蝴蝶效應**，台積電也"被鼓勵"捐贈了等量疫苗。

　　P.S：美國第 8 富豪企業家彭博，在 2002 年 1 月當上紐約市長，以象徵性的**年薪 1 美元**而創下全球傳奇，改善了當時的財政赤字及降低失業率等，當了 3 屆市長(1 屆 4 年，可連任 2 次)，12 年的市長期間，彭博個人的善款捐贈約 2.6 億美元，加上未領的市長年薪，共約 6.5 億美元，2020 年底台灣首富郭台銘的身價約 70 億美元，如果郭台銘能師法美國前市長彭博，**富豪企業家當總統也不錯，有重大急難時，可請總統率先捐款救助。**※太魯閣號列車重大傷亡車禍時，政府也不用隔天立馬要求善心人士捐款了。

　　平心而論，2018 年 11 月韓國瑜之所以能夠當選高雄市長，除了民進黨恃寵而驕、引發民怨及地方勢力的支持外，最大的功臣應是中天新聞台；然而，旗幟鮮明的中天新聞台卻自不量力，"草蜢弄雞公"，在 2018 年～2020 年中，報導內容事事與執政黨唱反調，"民與官鬥"的最後下場就是執政黨依法行事，由 NCC 出面關掉 52 頻道的中天新聞台，也不甩全球 24 小時新聞台始祖 CNN 的申請，卻以政治考量，硬是要拿高層欽點的華視新聞台來霸佔熱門新聞頻道 52 台，目前七成以上新聞台的立場偏綠，是執政黨引以為傲的政績之一。

　　如果就事論事，NCC 關閉中天的理由過於牽強，三粒、暝視等偏綠新聞台之報導"有過之而無不及"，卻沒有事，由此可知，事由可大、可小，"有關係就沒關係"，若看各新聞台董事長與評鑑委員的身分背景，NCC 的評鑑委員無異議通過關掉中天新聞台的決定，則是必然的結果；反之，如果 2020 年是國民黨執政的話，中天新聞台應可獲頒"忠勇勳章"⊕"鐵十字勳章"。

根據全球性之尼爾森收視率(Nielsen Ratings)調查公司的收視率調查，2019年各電視新聞台的收視率冠軍是中天新聞台(0.57%)，比第2名的三立新聞台(0.39%)高46%，"不受控"的中天新聞台連續2年蟬聯收視率冠軍，這或許才是讓執政黨恨到"牙齒癢癢"，要NCC關掉中天新聞台的真正原因。中天新聞台轉換網路平台之後，因為各網路平台的觀眾，均是各自的死忠鐵粉，少了中間偏藍觀眾的關懷，能否持續下去，頗令人好奇，即使能持續發燒下去，未來還有「網際網路視聽服務法」等著呢！

2016年蔡英文就任總統後不久，訂定了"2025 非核家園"的目標，2025年已超過蔡英文的總統任期(2024年5月)，這似乎是蔡英文的高瞻遠矚策略，超前部署，想讓民進黨長期執政，因而啟動了"黨團永續經營"的修法/立法工程，光是首創的兩大毀滅性武器：「不當黨產處理條例」和「促進轉型正義條例」，就打得國民黨躺著吊點滴、元氣大傷。

後續的(1)公職人員選罷法、(2)正副總統選罷法、(3)刑法第251條、(4)刑法第313條、(5)陸海空軍刑法第72條、(6)公(民)投(票)法、(7)社會秩序維護法、(8)通信保障及監察法、(9)國安五法、(10)廣播電視法、(11)反滲透法、(12)境外敵對勢力影響透明法、(13)數位通訊傳播法、(14)網際網路視聽服務管理法，和(15)修憲公投綁大選等法條，加上改造中選會、農田水利會、NCC委員會、監察院及司法院等機關的行政資源，甚至想將鄉鎮市長及農漁會人事改為官派，確實是"永續執政"的良方。國民黨根本毫無招架之力，民進黨一切"依法行事"，可視需要，憑藉著完全執政的優勢，強行修法、立法或改造機關等，無往不利，例如在 2020 年 12 月 24 日，9 條萊豬行政命令全部強行表決通過，國民黨又奈我何？

　　2016 年民進黨執政之後，為了"割藍委"而強行下修選罷法的罷免門檻，成功地在 2020 年罷掉韓國瑜市長。在 2021 年 1 月，民進黨桃園市議員王定宇遭國民黨"報復性"罷免成功之後，民進黨全黨總動員，總算使無黨籍的高雄市議員黃捷，免於被罷免；國民黨並不罷休，繼續搞"刪 Q、瑤滾"活動。2016 年罷免條款被過度下修，選輸的賭爛者，均可搞罷免再亂一次試試運氣，台灣焉能不亂乎？此時，始作俑者的民進黨又想修法，提高罷免門檻，這不能算錯，因為政客們確實是應該"換個位置、換個腦袋"，圖利自己。※人不自私，天誅地滅，台灣政壇，怎能一個亂字了得！

　　在 1970 年代的老蔣總統戒嚴時期，"想禁就禁、想抓就抓"，比目前的"查水表"更恐怖，老朽週遭就發生三件違法逮捕的事件：(1)大二開學時，系上班代不見了，約 2 週之後才來上學，後來才傳出，因暑假期間參加了某一團體的聚會而被捕，幸好家長請當時軍方退役將官的系主任作保，才被釋放，而其他系約 10 餘位同學就從此不見了；(2)大三寒假時，高中同學寄出 30 幾封的春節同學會通知函，因信封上標示編號，而被帶到警察局偵訊一整天才被釋放；(3)系上 3 位同學在撞球店打撞球，就被巡邏警察帶回偵訊並剃光頭後才釋回，成為當時系上的"光頭三劍客"。

　　這種任意逮人的事，不會出現在目前的執政黨，因為一切可依法行事，上列的 15 條已修法或立法中之法律條文中，至少可找到其中一條，作為查水表的依據，如果還不夠用，尚可再立新法、修舊法，保證不會非法行事。

　　2020 年年底，30 天內發生了國民黨戒嚴時期才有的事，①NCC 關中天、②文化部查禁童書(※中國出版的 23 頁童書繪本「等爸爸回家」)、③萊豬查水表等事件，雖然難免有"打壓言論自由"之嫌，但是這一切都是依法行事，在綠油油的大環境之下，在野黨及升斗小民也只能默認了。

　　不久之前，香港媒體大亨黎智英被收押禁見，而台灣的蘇偉碩醫師，反萊劑的立場不變，卻因執政黨的"昨非今是"(※硬拗時空背景不同)，被警察局通知"半夜約談"。"今日香港、明日台灣"，民進黨目前的威權氣勢，雖然仍比不上中國及北韓等極權國家，但是，"依法行事"之本事，已超越標榜民主、自由的某些國家了。

　　從國民黨執政戒嚴時期崛起的民進黨，本身就是一部爭取"新聞言論自由"的抗爭史，但是，完全執政後的民進黨，卻成為謀殺"新聞言論自由"的劊子手，新聞媒體本應是監督政府的第四權，而不應像極權國家一樣，只當政府的傳聲筒，如今，**新聞台的政論節目成為"N 打一"，國民黨尚有東山再起的機會嗎？"阿婆生子，很拼咧"**！

　　不過，執政黨處理新冠肺炎疫苗之施打與採購政策的亂與盲，似乎給國民黨帶來一線生機，或者執政黨再爆出重大缺失的議題，可以吵到 2023 年底總統大選開跑。

由歷史經驗來看，一個威權時代的結束，就是新威權時代的開始；白色恐怖轉為綠色恐怖，再轉為…，各朝代掌權時間的長短，就看人民能忍耐多久了(※見圖 3-1 之「政黨輪迴定律」)。

從 2004 年到 2018 年，「公投綁大選」一直是民進黨大力宣揚的主張，然而，在 2018 年 11 月的公投綁大選，10 項公投案過了 7 項，民進黨"搬石砸腳"，吃了悶虧之後，改弦易轍，2019 年又修法，以"避免公投亂象"為由，而將公投與大選分開(※將公投法第 23 條的"公投**應與**大選分開"，修改為"公投**得與**大選分開")。

2021 年初，中選會之所以未對國民黨所提的「核四商轉」公投案刻意刁難，並非民進黨佛心來的，而是在"盤算之中"，沒有"綁大選"的單一公投案，沒有執政黨資源的幕後操控，投票率必然低，加上通過門檻高，除非"討厭民進黨"的風潮再起，否則單一公投案通過的機率並不高，因此，民進黨的中選會才會放行。

然而，沒想到原先不被看好的「珍愛藻礁公投案」，卻因高層長官連續的"馬維拉言論"，加上部份網紅與獨派側翼的"逆向助攻"，連署書竟然高達 70 萬份(※法定門檻僅29.6 萬份)，意外的成真立案，使得環保議題的「珍愛藻礁公投」成為主角，也讓國民黨的「反萊豬公投」及「公投綁大選」持續發燒。訂在 2021 年 8 月 28 日的公投案，核四商轉、反萊豬、公投綁大選及珍愛藻礁，將是"四案一起投"，聲勢浩大，來勢洶洶，似乎已不容執政黨小覷了。

有國民黨立委說：「2021 年 8 月 28 日是蘇貞昌院長的"期終考"」，其實並沒有那麼嚴重，蘇院長在回答立法院委員質詢時，說：「**公投若通過，照准照做**」，也避答"要不要負政治責任"的問題。同時，部份的獨派團體竟然也參加"珍愛藻礁"的連署活動(※其中必有緣故)，依常識邏輯思考法則來看，民進黨沒在怕，反而可看出蘇院長的老謀深算，一切盡在執政高層"超前部署"的掌控之中。

若依常識邏輯思考，府院高層應巴不得①"珍愛藻礁"、②"核四商轉"、③"反萊豬"及④"公投綁大選"公投案，均能夠過關；因為，①才能兌現蔡總統的"藻礁永存"承諾、②才能為「2025 非核家園」可能跳票而解套(※萬一出了事故，還可怪罪國民黨)、③才能有籌碼，挾民意再跟美國談判、④才能為剛在 2019 年完成「公投和大選脫勾」修法，卻又想在 2022 年「修憲公投綁大選」解套。

民進黨師法德國，在 2016 年訂定"2025 年非核家園"的目標似乎太倉促、急躁；**德國雖訂定 2022 年"非核"、2038 年"零煤"的目標**，如今已有"延核、減煤"的聲音，認為如此才能真正達到"減少排碳、降低溫室效應"的大目標。德國廢核電的不足電力可向法國購買核電(※以鄰為壑。台灣難不成要架海底電纜，由廈門供電？)

上網搜尋看了又看，全球 30 多個有核能電廠的國家，除了德國在 2011 年日本福島核電廠災難之後，倉促地將原訂 2036 年的廢核電目標，提前至 2022 年外，尚沒有其他先進國家，明確訂出 2025 年廢核電的目標，依台灣的地理環境，何德何能可成為全球排名第二的廢核電國家？也許再延 8 年較有可能，民進黨宜以"經濟、工業優先"，順水推舟、暗助「核四公投案」(※出事是國民黨的事，天上掉下來的禮物)，暫且放下意識型態，先拼"再完全執政 8 年"，也許就能風光地在 2032 年以前達到"非核家園"的目標！

根據某偏綠媒體在 2021 年 3 月所作的民調顯示：「認為核能電廠是"利大於弊"的民眾比"弊大於利"的民眾多 38%，對於"若未來 4 年再生能源發電量無法達到的 20%目標"議題，有 49.1%民眾認為應增加核能發電，29.4%民眾認為應增加火力發電」。此結果似乎與德國的"延核、減煤"聲音相呼應，因此，執政黨的"2025 非核家園"政策，宜稍作調整，即使不要核四，也可延長核二、核三運轉 3～5 年。其實，同意"啟動核四"才是民進黨的最佳策略；因為，除了出事可牽拖國民黨之外，有核電專家懷疑核四廠的施工品質，是否有弊端？能否啟得動？將換成國民黨挫咧等！

2014 年民進黨以在野黨之身，逼迫國民黨就範，"封存核四"，重返執政後，又將燃料棒運往美國，如今"珍愛藻礁"公投案鬧大了，眼看"2025 非核家園"政見要跳票了，又搬出救援投手馬維拉，說"封存核四"是前朝決定的，而國民黨也莫名其妙，2016 年以前，明明掌控立法院，卻順從民進黨而封存核四，在野之後卻又提"以核養綠"及"核四商轉

"公投案。

2018 年 11 月 24 日通過了「以核養綠」公投案，有用嗎？完全執政的民進黨，玩弄國民黨宛如囊中取物，自 2018 年起，核四廠用的燃料棒，就陸續地被分批運往美國賤賣，執政黨早就確定不讓核四廠啟動運轉的策略了，看似要斬斷"核四運轉"的最後一線希望，然而，日後只要再花三倍的價錢，重新買燃料棒，核四廠照樣可能啟動運轉。

核四廠自 1982 年編列預算起，歷經(1999 年 3 月)動工、緩建、停工、違約、解約、再動工、完工、封存、賤賣燃料棒，再搞"核四商轉"公投，反反覆覆，已浪費了 3,000 億元以上的公帑了。此後，一旦再啟動核四運轉，費用必然暴增，隔民黨與暝進黨只因一時興起，顛覆政策、亂開支票，但願執政黨與在野黨能夠謙卑自省，不要老是"千錯萬錯，均是前朝的錯"！對得起人民嗎？**這筆政治爛帳，最後仍由全民買單，把國家的重大能源政策當兒戲，政黨輪替猶如扮家家酒，或許下次該換"非藍、非綠"的政黨(※共產黨？)做做看了，隔民黨與暝進黨宜三思再五思(※睡著了)！**

執政黨當然知道，人民與工商團體，只要不限電，沒有人會在意"非核家園"的政見/政策是否跳票，因為對於(藍綠)執政黨的政見/政策跳票，人民早已習以為常了，記憶猶新的馬英九「人均 GDP 三萬美元」、柯 P 的「8 年 5 萬戶社會住宅」及小英的「8 年 20 萬戶社會住宅」及「基隆-南港輕軌 2022 年通車」等政見/政策，更何況，當年的李遠哲院長也說過：「選舉期間的政見支票，不一定要兌現」。

與"珍愛藻礁"公投相關的觀塘三接天然氣案，原是2018年民進黨為了挽救蘇貞昌的新北市長選情，而棄已通過環評的"乾淨煤"深澳電廠的替代方案，現在新北市長是藍營的，而桃園市長是綠營的；所以，**可藉由"珍愛藻礁"公投案來廢掉"觀塘三接"案，不得不佩服蘇院長的髮短心長、謀慮深遠，2021年8月28日，四項公投案一起投，可衝高投票率，執政黨是一石四鳥、一舉數得，得了便宜還賣乖，而笨笨龍被暴暴龍耍得團團轉，還沾沾自喜，磕頭如搗蒜。**

萬一2021年8月28日"重啟核四公投案"與"藻礁公投案"均順利過關，民進黨要如何應對，並非如蘇貞昌院長所說「公投通過，照准照做」那麼簡單，無論"做與不做"，均會影響2022年的九合一選戰，看來仍是一場硬戰，很可能錯骨傷筋、動搖政權。*※受新冠肺炎的影響，原有的公投戰局已被打亂，正反雙方的公投拉鋸戰又將是一場好戲！*

自2016年起，經過民進黨5年多執政，整個體制與媒體已一片綠油油，加上「不當黨產處理條例」的鎖喉功，已成為"乞丐幫"的國民黨，若沒有"治國三寶(小編、鳴嘴與網軍)"的助陣，想要重返總統府？除非是向"似敵亦友"的共產黨無息貸款，買下三大主流的"三粒"、"暝視"與"注油時報"，或者民進黨搞分裂，出現二組總統候選人，否則在下一次的總統大選，國民黨仍然看不到曙光。

國民黨在2000年首次在野時，沒有經驗，當不好在野黨理所當然，2008 年意外撿到火箭砲(※阿扁貪腐)而重返總統府，卻不會記取教訓，重新執政時，即便完全執政，仍不知團結、槍口對外，府院不合，搞得執政黨不像執政黨，被民進黨打得潰不成軍，政策無法順利推行。2016 年再度淪為在野黨時，卻仍然學不會民進黨的武功，技藝差，即使多次撿到機關槍、迫擊砲、手榴彈，均無法集中火力，給予執政黨致命一擊。

反觀民進黨，2016 年重返執政後，積極修法、立新法，並收編組織與國營事業，廣納側翼，並讓小編、鳴嘴、網軍治國，黨員彼此之間小事異議僅"黨內互打"，大事議題則口徑一致、砲火猛烈，即便已經執政，也不改在野的草莽性格，透過側翼與網軍，打得國民黨雞飛狗跳，就連 2020 年底的一連串牛肉麵/統編/中央圖房、關中天電視台及萊豬進口等事件(※滿地都是槍砲)，國民黨也瞄不準靶心，當永遠的在野黨，就不要怨天尤人了。

前民進黨立委朱高正,當年曾在國會殿堂語出驚人說：「政治是高明的騙術」，引起政壇的震撼，幾乎是影射當時之"自以為是"的政治人物，揭開政客們的偽善真面目；不過，現在的民進黨更上一層樓，已修煉成精，成為「政治是硬拗的本事」之超級異形。猶記 2012 年，在野民進黨的立委，霸佔主席台，義正嚴辭地批評國民黨不顧人民死活，開放美牛進口，如今，2020 年 12 月，卻硬拗時空背景不同、查人民水表、開放萊豬進口；2020 年 12 月 24 日，國民黨卻演不出霸占主席台的戲碼，民進黨輕輕鬆鬆地依既定的劇本走，萊豬依計劃於 2021 年元月開放進口。

　　圖 2-1a 是 2009 年 11 月蔡英文帶隊反毒牛向前行的照片，2020 年 11 月馬英九有樣學樣，帶隊反萊豬遊行(※圖 2-1b)，是"高明的騙術"？還是"硬拗的本事"？因此，**不管暝進黨還是隔民黨，如同"哥倆好、一對寶"，均應為萊豬/萊牛的"昨非今是/昨是今非"，向人民道歉！**

圖 2-1a. 蔡英文帶隊反毒牛的抗爭

資料來源：自由時報新聞網(2009/11/15 06:00)

圖 2-1b. 馬英九帶隊反萊豬的抗爭

資料來源：聯合新聞網(2020/11/22 14:10)

「政黨亡國論，藍綠皆有份」的最大關鍵，要從陳水扁總統時代談起，問題並非阿扁的貪腐事件，而是兵役役期；"錯誤的決策比貪污更可怕"，1970 年代當兵義務役的役期，是陸、海、空軍皆為 3 年(※南韓 4 年)，1990 年 7 月1 日起，義務兵役役期一律減為 2 年。當兵的新兵訓練期至少 3 個月，下部隊的學習適應期也需 3 個月，台灣與大陸仍處於敵對(休眠)的狀態，能夠打仗的兵至少要服役滿 1年，因此，2 年的兵役是最起碼的男性國民應盡義務(※與台灣處境相同的以色列，男女皆須當兵，男性 3 年，女性2 年，而南韓目前役期是 23 個月)。

然而，至 2000 年以來，政客們不知死活，一直討好選民，即使中共政府虎視眈眈，義務兵役的役期卻持續縮短：

2000 年 1 月 1 日起為 1 年 10 個月(※隔民黨)，

2004 年 1 月 1 日起為 1 年 8 個月(※暝進黨)，

2005 年 7 月 1 日起為 1 年 6 個月(※暝進黨)，

2006 年 1 月 1 日起為 1 年 4 個月(※暝進黨)，

2007 年 7 月 1 日起為 1 年 2 個月(※暝進黨)，

2008 年 1 月 1 日起為 1 年(※暝進黨)，

2013 年 12 月起(※隔民黨)，僅剩下 4 個月軍事訓練役。

何況，天氣太熱不用出操；據 2015 年 6 月 12 日三立新聞網報導，「**危險係數超過 40，軍方插紅旗警戒，禁止操課**」，例如，溫度(32)+濕度(80*0.1)=40，達升紅旗的危險等級，需停止戶外操課。※詳見「國軍部隊教育訓練勤務作戰實施準則」(2015 年 1 月 20 日發佈)，第二條[立法理由]

第八條[危險係數區分]。

金門曾有長達 21 年的"單打雙不打"規定，不知國防部是否已和共軍達成協議：「中共在盛夏不能武攻台灣」？這種草莓兵、鮭魚兵能打仗嗎？能不被砲彈轟炸聲嚇到"尿屎橫流"就偷笑了，台灣想獨立，打仗要靠誰？除非募兵制之二等兵起薪 10 萬元，才可能募得"找不到比當兵更逍遙"的常備兵來保衛台灣，否則只能算是"嘴砲台獨"而已。

寫到此，本想停筆，突然接到"石袋力量"的領導人(※2015 年成立迄今，已換 N 個黨主席，搞不清楚是誰了)來電說：「等一下，吾黨曾經佔領立法院與行政院，為什麼"政黨亡國論"，吾黨沒有份」？「當然沒有份」，老朽回答說：「貴黨只能算是暝進黨的側翼而已，所以沒有份」；隔天，暝眾黨發言人也打電話來鬧場說：「吾黨目前是立法院第三大黨，為什麼"政黨亡國論"我們沒有份？」，老朽回答說：「以欣黨、台蓮黨的興衰史來看，貴黨目前只能算是一人政黨，等蚵主席 2024 年選上總統時，再算你一份」。

人人有主觀，藍綠有顏色，政黨有立場，昨是今非又何妨，政客們永遠自我感覺良好，一山還有一山低；唉！ 在野黨唱衰執政黨，執政黨攻擊在野黨，「中華民國台灣」正在亡國 ing，這不是危言聳聽，只能寄望政客們突然良知湧現，麥擱亂啦，救救台灣吧！

2-2. 統獨之外第三條路：賣台灣？租台灣？

1992 年 9 月 2 日，國民黨與共產黨首次坐下來在台桌上交鋒，展開"香港會談"，當然，雙方不可能"一拍即合"，於是會後就有了「九二共識、各表一中」與「九二共識、一中各表」的差異。

自 1995 年李登輝總統時代的「中華民國在台灣」(Republic of China on Taiwan)以來，就啟動了"中華民國台灣化"的列車，再由陳水扁總統"去中國化"的加碼演出，使得 1980 後出生的年輕世代，對於"中華民國"的觀念，已逐漸改變，而馬英九總統的兩任總統執政期，因為府院鬥法，加上"油電雙漲"及"太陽花之亂"，對於"中華民國台灣化"、"去中國化"，**中華民國在台灣**已讀不回，再度讓民進黨重返執政。

民進黨於 1991 年 10 月，在黨綱中增列了「…建立主權獨立自主的台灣共和國」，1999 年又通過「台灣前途決議文」，主張的第一條是：「台灣是一主權獨立國家，任何有關獨立現狀的更動，必須經由台灣全體住民以公民投票的方式決定」，第二條是：「台灣並不屬於中華人民共和國，中國片面主張的「一個中國原則」與「一國兩制」根本不適用於台灣」。

2000 年陳水扁當上總統之後，認為以「台灣」為國名尚不可行，在 2005 年國慶文中，提出「**中華民國是台灣，台灣是中華民國**」的主張，作為"兩岸維持現狀"的基礎，也是 2008 年馬英九上台之後，不敢否定的事實，而續抱「九二共識、一中各表」的大腿，以免中共找碴，來維持現狀。

自從 2016 年蔡英文上任總統以來，在獨派的壓力之下，"欲獨還羞"，2017 年 9 月 26 日，當時的行政院長賴清德在立法院答詢時說：「**台灣**是一個主權獨立的國家，**名字叫做中華民國**」，在 2019 年的國慶演說中，蔡英文首度提及「中華民國台灣，是藍綠群眾的最大公約數」。2020 年蔡英文連任後，接受英國媒體 BBC 採訪時，說：「我們已是一個獨立的國家，我們叫作**"中華民國台灣"**」，並在英文名上做文章，究竟是「Republic of China (Taiwan)」，還是「Republic of China, Taiwan」，老朽英文不好，看不懂。然而，中國的底線是「九二共識、一國兩制」，民進黨就一直躲在「中華民國」的保護傘之下，繼續做「台灣共和國」的美夢。

2020 年蔡英文連任總統之後，兩岸高層隔海喊話，兩岸的網軍猛烈交鋒、隔空對嗆，已難以回復到馬英九時代的氛圍了。最近共機擾台頻繁，台灣軍機則頻頻升空驅逐，各空軍基地也加強警告射擊訓練，美艦也增加巡邏台灣海峽的頻率，似乎提高了擦槍走火的風險，依國防部統計，2020 年共機持續騷擾台灣西南空域，超過 380 架次以上。

自 2020 年 9 月 16 日起，國防部全球資訊網「即時軍事動態專區」，即時發佈中共軍機、軍艦的活動訊息，此訊息究竟是提高台灣民眾的危機意識？還是在提高兩岸衝突的風險？此外，國防部也三不五時發佈"美國軍艦通過台灣海峽"的消息,是要「台灣人民安心,我們有美軍保護」?
還是要「警告台灣人民,我們離戰爭不遠了」?

依國際航空(Flight International)公佈的「2020年世界空
軍」報告,中共的軍機總數量3,210架(※台灣289架),380
次飛行台灣西南空域,應只是共機的例行飛行訓練之一小
部分而已。根據國防部發佈的共機狀態,擾台的中共軍機,
大部分是反潛機、偵察機、預警機及遠干機等"慢速機",似
乎在打"軍事經費持久戰"。

依國防部發佈的統計資料,2020年的1月1日至10月
7日間,中共軍機共有49架次飛越台灣海峽中線,台灣則
有76架次戰機升空因應;再看國防部的公告資訊,2020年
1月至10月7日止,海空軍耗費成本約312億元,占2020
年度國防總預算的8.7%,不知國防部有多少個312億元可
花費?還是藉此統計數據玩"統計操控",要求提高國防經
費預算?

事實上,軍事競賽本來就是要花大錢的,依日本官方
的統計數據,在2019年4月~2020年3月之間,日本航空
自衛隊光是為了驅逐中共軍機飛近釣魚台,(F-15)軍機就緊
急升空947次(※平均2.6次/天,尚不含例行巡邏任務),來
驅趕中共軍機,與共機騷擾釣魚台的次數相較,共機擾台
一年380次,算是小case而已。

台灣玩得起軍事競賽遊戲嗎?託川普總統之福,台灣
在川普的4年總統任期內,共買了150億美元(※歐巴馬8

年任期共買 140 億美元)的軍事設備，相當於 37.5 億美元/年(※1,100 億台幣/年)，如果這些錢用來照顧人民生活，至少 2021 年 1 月就不用勞保、健保、國保一起漲了。

中國對台灣的立場，是 2005 年訂定的「反分裂國家法」，將台灣問題定位為"中國內戰完結篇"，明訂三種"動武"時機：

(1)台灣從中國分裂出去的事實時。

(2)發生將會導致台灣從中國分裂出去的重大事變時。

(3)和平統一的可能性完全喪失時。

自從 1997 年，中國(鄧小平)取回"大香港"之後(※大香港包含租給英國 99 年的新界和割讓給英國的香港、九龍)，「統一台灣」對中國領導人是歷史定位的使命，但在以上三條動武時機也保持了灰色地帶，是由中國領導人的自行解讀，動武時機與方式仍有彈性空間。中國領導人當然知道，未到決裂時不輕言動武，一旦動武，台灣已成為滿目瘡痍的廢墟，而增加台灣遺族們的怨恨，而此種殘殺自己同胞的結局，主攻的中國領導人將來在歷史上的定位可能是"歷史罪人"，而非完成統一大業的英雄。

其實，在老蔣的"反攻大陸"時代，要不是老美的介入撐腰，台灣早在 1960 年代就可能已被中國統一了，現在的台灣，民進黨的"獨立夢"也只能寄託在美國新任總統拜登，對於「台灣關係法」的新解讀。「台獨毒不毒？中統通不通？」，依台灣的現況是：「**台獨有點毒，中統不太通**」。

　　台灣目前的政治生態非常微妙，儘管"統一與台獨"分別是國民黨及民進黨"不得不抱"的神主牌，然而，無論軍事、經濟與國家意識，不得不承認，中國均已大幅領先台灣，在目前的政治氛圍下，迫使**國民黨不想統，民進黨不敢獨"**，採取"維持現狀"的鴕鳥心態，是藍綠兩黨共同的"最大公約數"。國民黨"不想統"，是害怕會失去 2022 年及 2024 年的選票，民進黨"不敢獨"，是因為看不到美國"保衛台灣"的決心，**那麼，在目前的"非統即獨、互不相讓"的思維下，是否有統獨之外的第三條路？**

　　中國想統一台灣，美國和日本的嘴巴不敢說不，其實他們希望"台灣獨立"，至少是"永遠維持現狀"，中國、美國和日本都想要台灣，所以台灣奇貨可居。台灣土地雖不大(3 萬 6 千平方公里，全球 236 個國家中，排名 137)，但是戰略地位重要，講明白一點，台灣獨立或維持現狀，是在保護日本，也是美國圍堵中國之第一島鏈防線上的重要樞紐。

　　因此，台灣理應向美國要求提供免費的軍事設備，就像美國需支付日本沖繩島的軍事基地費用一樣；或者，台灣向日本收取"保護費"，台灣的軍事經費應由日本負擔。美國財大氣粗，想維持全球霸主、美國第一的夢想，應也想將台灣併為第 51 洲；日本為了本土的安全，也應想讓台灣成為日本的第三府(※回歸 1895 年日據時代的台灣總督府)，以圍堵中國，所以，統獨之外的第三條路，就是「賣台灣・兄弟分家」。

　　"賣台灣"的公開底價是：(一)大學畢業以前國家養、(二)健保、勞保、公保、國保等所有保險，全部免費、(三)最低基本工資比照美國(或日本)，加上年終獎金 5 個月。在開國際標之前，台灣可先辦個全民公投：「台灣的未來選項(※4選 1)：(1)中國統一、(2)台灣獨立、(3)賣給美國、(4)賣給日本」，除了政客外，在"有奶便是娘"、"有鮭就認爹"的現實環境下，升斗小民大概會選(3)或(4)吧？

　　1776 年美國宣佈獨立時，國土面積僅 80 萬平方公里，如今國土面積約 937 萬平方公里，成為全球第四大國家(※僅次於俄羅斯、加拿大和中國)，擴張了 11 倍，靠的是土地買賣，美國獨立之後，先後向法國、西班牙、墨西哥、英國、俄國及丹麥等國購買土地，國與國之間有買賣土地的先例。

　　「賣台灣‧兄弟分家」，由美國付費，台灣成為美國第 51 洲，或由日本付費，台灣成為日本的第三府，則台灣成為雙語國家(※中文/英文或中文/日文)，雙語皆溜，增加國際競爭力，未嘗不是台灣年輕人的福氣，而中國"賣台灣(及澎湖)"可能獲利高達千兆新台幣以上(※2020 年台灣 GDP約 20 兆台幣，中國 GDP 約 430 兆台幣)，並取回金門、馬祖等外島，賣國土是有樣學樣，俄、英、法等國均賣過，中共領導人也有台階下。

　　中共若"兄弟情深、感恩惜福"，不願意「賣台灣‧兄弟分家」，那麼，可採取折衷路線，亦即統獨之外的第四條路是：「租台灣‧現狀九九」。台灣可學英國支付"脫歐費"一樣，天下沒有白吃的午餐，只要台灣肯付"租賃費"(※花錢總比流血好)，也未嘗不是沒有跳脫"一國兩制"框架的機會。英國的脫歐代價是 500 億歐元(約 1.7 兆元台幣)，台灣比較小咖，不知是否可看在兄弟之邦的情誼上，打 7 折 1.19 兆元台幣 (※分期付款)？

這筆租賃費用，台灣可要求美國及日本各負擔 30%，其餘由執政黨負擔 25%、在野黨負擔 10%(※以後的總統選舉，政黨可能相互禮讓)，**剩下的 5%由人民贊助分擔**。滿清末期，曾被多國列強逼迫"無償租借土地"，而中國可向台灣收取"租賃費"，台灣也並未獨立，因此，中共領導人算是對得起中國的列祖列宗了。對台灣而言，付中共租賃費比付美國軍購費還划算，而藍綠也沒有互鬥的藉口，從此認真拼經濟，人民過著幸福快樂的日子。

美國總統拜登上任之後，曾公開表示：「不支持片面台獨，也反對中共對台灣動武，並鼓勵台灣與中國重新展開對話」，自 2021 年 3 月，新任陸委會主委邱太三奉旨宣告**「建設性模糊」**的方針，似乎比"九二共識、各自表述"還模糊，不知中共領導人是否還要繼續模糊下去？不如提出具有經濟效益且兼顧民生福祉的「建設性清晰」：「賣台灣‧兄弟分家」**或者**「租台灣‧現狀九九」，二選一，雙方均"**各退一步化干戈，互有得失不吃虧**"，靠彼此的智慧和態度化解歧見，不宜歹戲拖棚，繼續呼嚨下去，則不失為海峽兩岸突破困境的良策。

2020 年 10 月國慶時，蔡英文總統說：「…只要北京當局有心化解對立，改善兩岸關係，在符合對等尊嚴的原則下，我們願意用共同促成有意義的對話」；2021 年元旦談話時，再度重申說：「…只要北京有心化解對立，在符合對等尊嚴的原則下，我們願意用共同促成有意義的對話」，2021年除夕前的國安高層會議後，再度重申相同的表述，蔡總統的三次表述複製，看似遞出橄欖枝，然而，相信她心裡有數，中共的立場是"沒有(中國版)九二共識，其餘免談"。所以，"有意義的對話"，只是喊給美國新上任總統拜登聽的，表示"我有聽您的話，願意跟北京對話"。

中國人民多有"仇日情結"，然而，2021 年 3 月的台日桌球夫妻不和事件，似乎已不一樣了；情理上，福原愛不應丟下小孩及母親，回日本會男友、住旅館，但是，中國的網友多同情福原愛(日本)，而批評江宏傑(台灣)。"一葉知秋"，曾經被傳為"台灣最美麗的風景是人"之寫照，已經讀不回了。此時此刻，蔡總統宜約束網軍及鳴嘴，收斂一些，不要再惡意攻訐中國網軍。

2021 年 4 月 16 日，美、日領導人，在白宮會談之後，發表聯合聲明提到：「…**強調台灣海峽和平穩定的重要性，並鼓勵和平解決兩岸議題**」。

精明的蔡總統應不擇手段，不管是"九二共識"或是"十一國慶"，先同意再說，邀請習主席前來"兩岸中繼站"金門，坐下來"喝高粱、吃貢糖"，不管習主席說什麼，至少要簽個

"維持現狀 99 年"之類的協議或聲明(※九九共識),"中共放棄統、台灣不要獨",也許可以為兩人撈個諾貝爾和平獎(※2015 年 11 月的新加坡馬習會,雙方未簽署任何協議)。反正,台灣的政策一直都是"翻來覆去",事後再來辦公投,挾民意來推託。※隔民黨老是批評暝進黨為"雙標黨",其實,隔民黨說錯了,執政黨是"多標黨",永遠有 Plan A、B、C 的替代方案。

自從 2015 年新加坡的馬習會以來,對於**統獨之外的第三條路**,學者專家提出多種不同的看法,卻也不見可行的方案,「賣台灣?租台灣?」是異想天開?還是開創兩岸新契機?就當作各說各話吧。

※本文的精簡篇「統獨之外第三條路:賣台灣?租台灣?」,曾於 2021 年 5 月 7 日在「**風傳媒**」讀者投書,引起廣大迴響,瀏覽人數逾 3 萬人。

2-3. 台海風起雲湧，共軍攻台的常識邏輯觀

　　2021 年 5 月 1 日出刊之英國「經濟學人」(The Economist)雜誌的封面，一幅以台灣為中心的雷達掃描圖，西側(台灣海峽)標示中國軍艦、軍機群；東側(太平洋)標示美國軍艦、軍機群，標題是「台灣：地球上最危險的地區」，台海危機能避免嗎？

　　中共軍機頻頻擾台，中共真的會"武攻台灣"嗎？如果中國領導人跟老朽一樣聰明的話，安啦！中共不會登陸攻打台灣；不過，金馬等外島就難說了。以地緣關係及中共的現況來看，中共若真要拿下金門、馬祖，應如"桌頂拈柑"一樣，然而，金門、馬祖宛如兩岸之間的緩衝區/灰色帶，所以，讓台灣繼續管理金門、馬祖，對中共而言，目前應是利大於弊。

　　如果有一天，中共要對台灣政府下馬威，或是真的要"賣台灣"時，中共必然會取回金門、馬祖。金門、馬祖與對岸的距離，分別不到 2 公里/10 公里，均在中共的領海、領空範圍內，如果中共切斷金門、馬祖來自台灣的補給線，並供水、供食給金門、馬祖的話，那麼，金門、馬祖大概就主動"回歸"了，省下的砲彈錢，可以用來建造跨海大橋。

　　中共解放軍攻台的時間表，國外學者專家的預估多在 2～5 年之內，美軍印太司令部司令，2021 年 3 月 9 日答覆國會議員質詢時表示：「憂心中共可能在六年內攻台」。

　　前總統馬英九在 2020 年 8 月的幾場演講中，提到"首戰即終戰"時，引起民進黨及親綠媒體的集體圍剿，"為匪統戰、恐嚇人民"，"觸犯叛國罪"等言論，甚至被某律師提告「恐嚇、妨害社會安寧秩序罪」(※馬英九迄今仍有 N 條官司纏身，遲早可能被判有罪，不差這一條)。

　　然而，馬英九的前後文也提到，"首戰即終戰"出自國防部智庫「國防安全研究院」，在 2018 年 12 月提出的「2018年中共政軍發展評估報告」，馬英九引用國防部的公開報告，何罪之有？如果引用"首戰即終戰"就犯了「恐嚇、妨害社會安寧秩序罪」，那麼國防部網站的「即時軍事動態專區」，每天即時發佈中共之"軍機/軍艦擾台"的消息，不也是在恐嚇人民？又該當何罪？

　　蘇貞昌直批說：「馬英九以"首戰即終戰"恐嚇人民，對不起人民…」，國防安全研究院發表聲明說：「"首戰即終戰"是中共的戰略，不是預測戰爭結果」；此份 2018 年 12 月的報告，蔡政府隱瞞了近 2 年，直到 2020 年 8 月才被馬英九偶然引用"首戰即終戰"，不管是"為匪作帳"也好，"善意提醒"也罷，好歹民眾知道有這麼一回事，不要小看人民的智商，人民不是這樣被嚇大的，選舉時自然就會作出判決；不管藍綠，"囂張沒有落魄的久"，選舉結束就知道。

　　2004 年游錫堃在當行政院長時，為強調向美購買武器的重要性時，說：「要維持台灣安全，就要像過去(美蘇)冷戰時期的恐怖平衡一樣，你有能力毀滅我，我有能力毀滅你，(武力)平衡了，就沒有打仗了；你打我 100 顆飛彈，我打你 50 顆(※可能打不了 5 顆)，你打我台北高雄，我至少打你上海，如果我們有這樣的反制能力，台灣就安全了」。

　　向美國購買武器就能達到恐怖平衡嗎？要達到恐怖平衡的要件是：「敵對雙方均有旗鼓相當的武器」，例如冷戰時期美國與蘇聯均有數量相當的核子武器，足以引發全球性的核彈戰爭而毀滅世界，因此，美蘇雙方彼此克制，即使兩強之間有不少背後支持的地區性戰爭，也沒有發動核戰。

　　據美國的「中國軍力報告」顯示，"中共與台灣軍力差約 15 倍"，加上台灣目前徵兵制的常備兵役期僅 4 個月，更令人憂心的是，藍綠惡鬥、涇渭分明，缺乏一致的國家認同感，不知為何而戰？為誰而戰？因此，愛國心與國家意識，可能連電影「報告班長」中的搞笑天兵都不如，不知要如何打仗，台灣光靠向美國購買的"非先進"武器，能維持"恐怖平衡"嗎？

　　多數的美國軍事專家認為，若中共採用傳統的登陸戰，只要 3～5 天就可以擺平台灣，顯然台海之間的終極戰爭，是"以大欺小"的戰爭。美國的軍事專家，多認為美軍抵台的救援時間需要 10～17 天；而歷任的台灣國防部長，在回答委員質詢時，均認為"萬一開戰，國軍可抵擋 1～2 星期，前嚴明國防部長保證可撐 1 個月"，2021 年 3 月 17 日，邱國正部長則說：「要打多久就陪多久，沒有時間限制」。

上一次的台海重大危機是發生在 1999 年 7 月，前總統李登輝宣佈兩國論，當時中國軍方反應強烈，中國海軍、空軍均舉行多次的導彈實射及登陸演習，甚至戰鬥機多次飛越台灣海峽中線，直到 9 月 21 日台灣發生 921 大地震之後，可能是引起國際間的人道關懷，中國"不好意思"再出招恐嚇，台海才再度回復平靜。

2020 年 5 月，自蔡英文連任的總統就職演說之後，台灣海峽又開始緊張起來，不僅中國軍機頻繁擾台、海空軍演習不斷，而美國的軍艦、軍機也頻繁穿越台灣海峽，美國在台協會(AIT)也在臉書上公佈台美空軍的聯合訓練計劃，台海究竟會不會擦槍走火、引爆戰事，雖然機率不大，但並非不可能，萬一哪天飛行員或砲手失控按下飛彈按鈕，就如同在馬路上有人被按喇叭就情緒失控，下車理論而爆發衝突一樣。

據 2021 年 3 月 22 日新聞報導，日本防衛大臣和美國國防部長於 3 月 16 日面對面會談時，雙方同意「一旦台灣與中國發生軍事衝突，日美將密切合作」，接著，3 月 18、19 日美國與中國代表在阿拉斯加會談時，雙方立場強硬、劍拔弩張、激烈交鋒、充滿煙硝味，在 3 月 26 日台美雙方又簽訂了「海巡工作備忘錄」。此後，共機與美艦出現在台灣海峽的頻率大幅增加，看來，台海較可能發生"擦槍走火"事件的主角，應是共機飛行員和美艦砲手，則台灣可能被迫捲入戰爭、陷入火海，而沖繩島的美、日聯軍，可能在 3～5 天內前來救援，不知台灣政府是應該擔心？還是安心？

　　2021 年 4 月 16 日，日本首相菅義偉訪問美國白宮時，美日發表聯合聲明，雙方同意「台灣海峽和平穩定的重要性」，因此，如果台灣海峽有事，台灣必然首當其衝；台灣宛如象棋中的兵或卒，被美國/日本推著向前走，走到底就是死路一條，台灣政府宜盡量自主、左右移動(※維持現狀)，才能避免戰爭災禍。

　　中國會不會"武攻登陸"台灣？「不會」；老朽可以跟你打賭一碗"冠軍牛肉麵"，現代的鄰近海島戰爭，不用這樣辛苦打；老朽不是軍事專家，只是擅長"常識邏輯思考"的退休且無聊的工程師而已，攻台登陸戰除了軍事代價太高且拿到的台灣已成廢墟外，極可能招致國際的聯合抵制，而使中國的經濟發展停滯、倒退嚕，中國領導人不會這麼笨。但是，如果台灣政府宣布獨立，此時中共面子掛不住，重傷自尊心，而見笑轉生氣，已顧不得是否會民不聊生、生靈塗炭了，必然會動武、登陸攻台。

　　中國對台灣的"以大欺小"戰爭，陸/海/空軍均用不到，中共解放軍只要按一按分佈在中國各地的飛彈按鈕，針對軍事指揮所、海空軍基地、砲兵基地等(※不會笨到去轟炸科技產業鏈及民生設施)，百枚短、中、長導彈齊發，不到一小時，中共就達到"首戰即終戰"的戰略效果了，尚可進一步封鎖台灣海峽，禁止貨櫃船及天然氣船通行，然後改由中共網軍接手，發動柔情攻勢、心戰喊話，例如"親愛的台灣同胞們，…"(※如同 1980 年以前之兩岸空飄心戰傳單)，加上不知有多少的匪諜就在你身邊，隨之起鬨、煽惑，則可能在美艦前來救援之前，人民就選邊站了。

台灣政府的高層曾表示：「要戰到用掃帚打戰」或是「要戰到最後"一兵一卒"」，這只是激勵士氣、吹口哨壯膽而已，還好長官沒說要戰到"一兵一民"，否則老朽一向忠貞愛國，必然會拿掃帚，在家門口等著打上門的共軍。

第二次世界大戰末期，日本仍作困獸之鬥時，美軍並未登陸日本，僅在 1945 年 8 月先後在廣島、長崎，丟下原子彈後，就等著接受日本的投降書。因此，「1995 閏八月」暢銷書預言之"中共武攻台灣"的情節，若依常識邏輯思考，不會真的上演，除非中共領導人/解放軍缺乏"常識邏輯"；如果台灣政府怕中共領導人"缺乏常識邏輯"，那麼，台灣可花錢恭請 10 萬美軍常駐台灣各軍事基地(※當人質)，中共投鼠忌器，就不敢砲轟台灣了。

反過來說，當看到中共軍機、軍艦在台灣四周繞來繞去時，或是軍隊聚集在福建沿海時，均不會有事，只是在秀肌肉、作狀恐嚇而已。中共若真要硬幹，必然是不動聲色，無預警的同時按下中國各地的導彈按鈕，讓短程、中程、長程的百枚導彈齊飛，戰爭就草草結束了。

中共想"統一台灣"的方法多的是，"武攻登陸台灣"是下下之策，台灣是"經濟靠中國，軍事靠美國"，台灣經貿對中國依賴過深(※溫水煮青蛙)，已難以自拔，隨便一個"鳳梨禁令"，就可讓台灣政壇搞得雞飛狗跳，若再加上蓮霧、荔枝、木瓜、芭樂及釋迦等一起來亂，即使人民改吃綜合水果餐來配合，豈不換成米農、菜農及肉商來抗議？中共只要用經貿手段，禁止在中國的台商與台灣母公司往來(※匯錢回台灣、貨物運輸等)，台灣可能只能等待美、日或聯合國的人道救援了。

美國總統拜登於 2021/3/3，發表就任以來首份「**暫行性國家安全戰略指南**」，全文 24 頁，在第 21 頁有一句話提及台灣，如圖 2-2 所示，大意是：「我們會支持台灣這個先進的民主政體、重要的經濟和安全夥伴，以符合長期的美國承諾」，這句僅 20 字的話，讓外交部對白宮表示歡迎與感謝，也讓蘇貞昌院長以此句話，來反諷去年美國總統選舉時"押錯寶"的質疑。

圖 2-2. 美國白宮「暫行性國家安全戰略指南」對於台灣的立場

INTERIM NATIONAL SECURITY STRATEGIC GUIDANCE

＊ ＊ ＊ ＊ ＊ ＊

coercion or undue foreign influence. We will promote locally-led development to combat the manipulation of local priorities. <u>We will support Taiwan, a leading democracy and a critical economic and security partner, in line with longstanding American commitments.</u> We will ensure that U.S. companies do not sacrifice American values in doing business in China. And we will stand up for democracy, human rights, and human dignity, including in Hong Kong, Xinjiang, and Tibet. On all these issues, we will work to forge a common approach with like-minded countries.

We also recognize that strategic competition does not, and should not, preclude working with China when it is in our national interest to do so. Indeed, renewing America's advantages ensures that we will engage China from a position of confidence and strength. We will

資料來源：WHITE HOUSE「INTERIM NATIONAL SECURITY STRATEGIC GUIDANCE」(MARCH, 2021)

老實說，由去年府院高層和偏綠媒體的言論來看，似乎是真的"押錯寶"，只不過"押錯寶"也沒什麼大不了的，賭博本來就是有輸有贏；而新任的美國總統也不會因台灣"押錯寶"而改變立場，依舊必須以美國利益為第一優先，例如圖 2-2 中，提到的「...American values… 及 …our national interest…」，美國對台灣的支持，也只能依據「台灣關係法」(※1979 年)、「六項保證」(※1982 年)和「台灣保證法」(※2020 年)，其中並沒有保證「若海峽兩岸開戰，會來救援台灣」。

儘管拜登上任以來，對中態度比川普還強勢，對台灣的友好程度，超乎台灣高層的預期，雙方甚至簽訂了「海巡工作備忘錄」，並放寬「美台交往準則」，讓台灣高層謝聲連連，不過，這也僅止於"美國利益"而已，不會超過"兩岸維持現狀"的底線。此時民進黨正積極想推動修憲，但願執政黨不要會錯意、錯估情勢而暴衝，"草蜢弄雞公"刺激中共，宜以人民福祉為優先，不要在檯面上搞台獨，應認真思考前一篇的統獨之外的第三條路：「賣台灣‧兄弟分家」、第四條路：「租台灣‧現狀九九」，或者更好的方案，台灣的處境已經很為難了，天佑台灣！

2-4. 治國三寶：小編、鳴嘴與網軍

　　2020 年 11 月爆出了行政院發言人丁怡銘，誤指「北市某冠軍牛肉麵店」使用萊劑牛肉的風波，並陸續爆出多張出自行政院的中央圖房，被綠營媒體用來攻擊在野黨的哏圖之後，民眾才了解伊索寓言「蠍子過河」的真諦，原來執政黨仍脫離不了在野時的草莽野性，攻擊在野黨優先，民生經濟擺一邊。

　　以台灣的政治體系而言，要能經濟起飛，除了清廉政府是必要條件外，總統要連幹兩任(※政策才能連貫)，總統與立法院長要和諧(※一個口令一個動作)，以及行政院長任期要長(※政策才能推動)；撇開政治意識型態不談，蔣經國確實幹得有聲有色(4 年行政院長(1972～1978 年)，加上兩任總統(1978～1988/01/13 任內逝世)，實際掌權長達 15 年之久，加上立法院是"國民黨開的"，因此台灣才能經濟起飛，人均 GDP 由 1972 年的 530 美元，上升至 1987 年的 5,350 美元(※15 年上漲 10 倍)。

　　蔣經國總統逝世後繼任的李登輝總統，當了 12 年總統(1988/01/13～2000/05/19)，任期內只用了 5 位行政院長，立法院長也是聽命行事，因此，也幹得不錯，使人均 GDP 從 1988 年的 6,370 美元，上升至 1999 年的 13,768 美元(※12 年上漲 2.2 倍)。

　　陳水扁的 8 年任期(2000/05/20～2008/05/19)，因未能完全執政，共動用了 6 位行政院長，使得政策無法連貫執行，

加上民進黨"很多人都拿了陳水扁的錢"，因而使陳水扁陷入貪腐風暴，8 年的執政期間，人均 GDP 由 2000 年的 14,877 美元，上升至 17,299 美元(※8 年僅上漲 16%)。

續任的馬英九(2008/05/20～2016/05/19)，8 年之間亦用了 6 位行政院長，雖然曾經完全執政，但是馬總統與王院長的不和，加上在野民進黨的抗爭功力非凡，把國民黨打得落花流水，人均 GDP 由 2008 年得 18,081 美元，上升至 2015 年的 22,780 美元(※8 年僅上漲 26%)。

續任的蔡英文總統 5 年(2016/05/20 迄 2021/05)用了 3 位行政院長，尤其第三位的蘇院長在 2019/01/14 上任後，以中央圖房小編的哏圖功夫，加上鳴嘴、網軍的助攻，強勢地推動各種政策，以完全執政的立法院之人數優勢，國民黨簡直是不堪一擊的滷肉咖；因此，蘇貞昌可說是蔡英文能夠連任的大功臣。

蘇院長應是繼蔣經國行政院長後最強勢的行政院長、功高震主，雖在 2020 年底一度有換人做的傳聞，即使後來的藻礁公投風波不斷，及 49 條人命的太魯閣號重大事故，均無法撼動蘇院長的任何一根寒毛，因為現階段，看不出何方神聖有能力可接手，蔡總統也奈何不了蘇院長，繼續讓他擴大勢力範圍。

拜登 78 歲才選上美國總統，不僅啟發趙少康的總統夢，應也讓意氣風發的蘇院長躍躍欲試，才會在拜登選上總統之後，將許多的國營企業董座換上自己的人馬，相信蘇院長的寶座，應可幹到他主動想退位(※至少到 2022 年縣市長選舉之後)，以籌劃競選 2024 年總統的大計為止。

　　自 2019 年 4 月起，行政院長蘇貞昌臉書，開始密集出現宣揚政績的創意圖卡，由此可知，行政院的中央圖房團隊已完整成形；曾幾何時，除了宣揚政績的圖卡之外，開始出現由中央圖房製作，提供給網軍、鳴嘴及側翼，用來攻擊在野黨用的"憤怒情緒高"哏圖，被在野黨批評是"公器私用，違反行政中立"(※2018 年蘇貞昌院長競選新北市長時，即有小編團隊，只是當時尚未出現攻擊性哏圖)。

　　圖 2-3a 是 2021 年 2 月出現在蘇貞昌臉書上的正常政績文宣圖卡，無可厚非，但是，圖 2-3b 是 2020 年 11 月 3 日，行政院某幕僚在立法院 2 樓媒體採訪席，製作批藍哏圖時，被上報記者當場抓包的畫面(※下次記得派人把風)，隨後立即被親綠的議員、網紅、網媒等引用，公器私用，似乎有失執政黨的風度。

圖 2-3a. 行政院正常的文宣圖卡　　圖 2-3b. 被媒體抓包的哏圖製作例

資料來源：行政院長蘇貞昌臉書(2021/2/3)　　資料來源：上報網站(陳彥宇攝)(2020/11/3 23：00)

　　蔡英文執政以來，人均 GDP 由 2016 年的 23,091 美元，上升到 2020 年的 28,180 美元，僅 4 年就上升了 22%，主計總處更預估 2021 年的人均 GDP 將上升至 30,038 美元，突破馬英九被消遣 10 多年的 30,000 美元障礙，這應該算是蔡英文上任以來最明確、最不容許在野黨反駁的偉大政績。不過，這一大半的功勞應歸功於最有權勢的蘇院長，所幸，蔡英文已不能再競選連任，民進黨下一任的總統候選人，可能是蘇貞昌與賴清德之爭，而佛系的賴清德，除非脫黨競選，否則又要含淚繼續幹副總統了。

　　由以上的常識邏輯思考分析，可看出一個正常的民主政治國家，經濟要成長的三要件是：(1)府院和諧、(2)完全執政和(3)強勢且任期長的行政院長，三要件缺一不可，才能創造經濟奇蹟。

　　儘管目前的執政黨一再標榜民主自由，但是所作所為仍然以打擊異己為主軸，似乎逐漸回歸到老蔣統治的戒嚴時期，只是手段方法更高明而已，此時"類民主政治"已經成形了，而"類民主政治"的治國三寶就是：「小編、鳴嘴和網軍」。※"**類民主政治**"定義：有民主自由的外衣，但人民有被肉搜、查水表的恐懼。

　　"類民主政治"的制度是如何誕生的？回溯 2016 年蔡英文剛上任總統時，口口聲聲喊：「謙卑、謙卑、再謙卑」，要傾聽人民的聲音、要藍綠和解喝咖啡，並找了一位外省二代無黨籍的經濟學者林全當行政院長，當時老朽天真的認為藍綠真要和解了，台灣不會再耗在藍綠惡鬥的困境中，前途一片光明，結果林院長僅幹了 1 年 3 個月(2016/05/20～2017/09/08)，就不得不走人了。

其實，林院長自接任的第一天開始，就被民進黨定位為"過渡院長"，對於一位想推動政策、為人民謀福利，但不想談政治的閣揆，必然無法擔當輔選 2018 年縣市長選舉的大任，辭職算是有自知之明，免得被深綠人士逼退，尚算是美好的結局。

蔡英文總統在第一任任期內，就以打垮首要敵人國民黨為民進黨的第一要務，因而訂定了 2016 年的「不當黨產條例」、2017 年的「促進轉型正義條例」和 2018 年的東廠組織事件等，針對國民黨啟動毀滅計劃，因此，非國民黨者，也樂觀其成、不會反對，以免惹禍上身。所以，助長了民進黨之新型獨裁的氣勢，直到 2019 年 1 月蘇貞昌接任行政院長之後，又無所不用其極的打壓想競選總統的賴清德，以及打壓可能出來選總統的柯文哲，"類民主政治"才真正浮現。

"小編、鳴嘴與網軍"合體到底有多屬害？看 2019 年 3 月～6 月蔡英文與賴清德的民進黨總統候選人之爭，就略知一、二，在 2019 年 4 月，賴清德就曾公開呼籲請蔡英文停止網軍對他的攻擊。在 2019 年 5 月以前，賴清德有李遠哲與綠營獨派大老等多人連署相挺，民調一路領先，最後蔡英文利用執政優勢，改變民調的遊戲規則，並藉由蔡、蘇聯手的"治國三寶"的協助，僅在短短一個月時間，蔡英文的民調就逆勢上揚，而擊潰賴清德。

"掌握治國三寶者得天下"，由 2019 年的英德之爭和 2020 年的總統大選，即可得到科學證明。但是，權力使人腐敗，掌權者勿讓「謙卑、謙卑、再謙卑」淪為騙取選票的政治語言，而要最謙卑的人民，傾聽政府的心聲。

通常，網軍可分為商業網軍和政治網軍，商業網軍是接業主委託後，說好話、寫推文，並毫不露痕跡的推薦某商品，很少有商業網軍，會接受惡意攻擊業主之競爭品牌噓文的案件，以免破壞自己的形象，斷了財路；然而，政治網軍不同，多以攻擊性噓文為主，而歌功頌德的推文，則多由小編負責在自家臉書公佈，亦即是，政治網軍是防不勝防的狙擊手，小編是製作幕僚，而鳴嘴是引用小編之哏圖助攻的側翼。

談到政治網軍就不得不談卡神楊蕙如，綜合網路上新聞的報導，於 2018/9/4 燕子颱風重創日本關西時，在 PTT 上出現了大量網友之惡言和非理性批評，導致台灣大阪辦事處蘇啟誠處長自殺，引發台灣社會震驚，此後楊蕙如的網軍地位才正式浮現。其實，早在 2008 年 1 月，楊蕙如就擔任當時民進黨總統候選人謝長廷的網路執行長，在此之前，楊蕙如曾向馬英九投過履歷表，可惜馬英九未能慧眼識英雄，否則他的 8 年總統任期，就不會如此的難堪了。

不久之後，楊蕙如轉為蔡英文效力，在 2011 年 4 月蔡英文與蘇貞昌的黨內總統初選期間，曾在社群網站公佈蔡蘇兩人的民調數據，而引起蘇貞昌陣營的不滿，蔡英文能成為 2012 年的民進黨總統候選人，楊蕙如多少有些功勞。

於 2018 年的地方選舉期間，楊蕙如向候選人兜售"網路帶風向"的計劃，可能因為太過招搖，而被 PTT 八卦版列為不受歡迎的人物/帳號，禁止在八卦版發文。接著 2019 年之農委會 1450 網軍事件，亦出現楊蕙如挺蔡英文的網軍影子，同年 12 月，因大阪蘇啟誠處長自殺事件而被起訴，而引起社會大眾的好奇心。

於 2016 年地方首長選舉及 2018 年的總統大選期間，均有楊蕙如的新聞，只是楊蕙如已成為爭議性人物，民進黨的候選人均暫時與楊蕙如切割、劃清界線。

楊蕙如的公司在 2016～2018 年間，共取得 11 個政府標案，獲得數千萬元的補助費。2019 年 12 月又爆出楊蕙如以「WTA 好職業網球台灣公開賽」為由，申請補助金的案外案，疑似鑽法律漏洞，同一案子分別向台北市政府及中央申請補助，而被台北市政府移送檢調偵辦。

楊蕙如在 2004 年因利用信用卡優惠漏洞而爆賺一筆，被媒體、鄉民封為卡神，在 2008 年轉為參與政治活動，積極為民進黨效力，領導網軍的作戰功力，出神入化，因此，如果說楊蕙如是"網軍教母"，應當之無愧。

至於小編，本身沒有實質上的攻擊力，不過具有優秀的創意能力,如同中央廚房各道料理的主廚,接示中央廚房"總舖師"的指示,發揮創意烹飪各式各樣的美食,酸度、甜度與辣度則揣摩"總舖師的"旨意,而鳴嘴如同美食專家評審,可任意批評每道菜餚,菜餚好吃與否全在鳴嘴一嘴之間。許多民眾則受"小編、鳴嘴與網軍"之影響而作決定,政黨、政治的好壞,由"政治三寶"作決定,這種類似"委外經營"的民主政治正常嗎?

應該只能算是"類民主政治"吧?※投資理財中,有所謂「類全委保單」的投資法,屬於中高風險型的理財商品,雖然可能獲利但虧損的可能性更高,總舖師(總統或行政院長)若未盡職督導的話,很可能被"小編、鳴嘴與網軍"三寶搞垮,到時候又要改朝換代了。

2021年5月下旬,爆出某親綠寫手反串紅營中國網軍,進行「認知作戰,滲透PTT」,不知是綠營"嫌票多"?還是蔡英文"總統幹膩了"?*成也三寶、敗也三寶*,看來,"政黨輪迴"輪盤要加速旋轉了(※詳見圖 3-1),綠營焉能不有所警惕?

在蔡英文總統的 instagram 中,可看到她與多位網紅、媒體人互動的照片;2021年1月春節前,蔡總統去探訪網紅館長,2月的春節期間,蔡總統又邀請多位年輕網紅到官邸聚會,足見網紅的重要性,雖然網紅並非攻擊性的網軍,但是,每位網紅至少有10萬以上的粉絲,影響力非同小可。廣結善緣,百益無一害,值得欲更上一層樓的政客們效仿。

　　2021 年 3 月，柯 P 市長將他的網軍頭目邱昱凱(※曾因喬兵役事件而下台)升為月薪 24 萬元的悠遊卡總經理，似乎是為了 2024 年的總統大位而開始佈署，擴大網軍領空勢力；2020 年 11 月因牛肉麵風波，而被迫"離開檯面轉為藏鏡人下指導棋"的蘇院長網軍頭目丁怡銘，因為行政院不能沒有他，才短短 3 個月，又被禮聘榮升為行政院的有給職顧問(月薪近 12 萬元)，繼續帶領網軍小組作戰，足見網軍的重要性。

　　對於有心問鼎總統寶座的人，即日起，應積極佈署，以拉攏網紅、成立網軍部隊為優先，在網路平台打出名號後，鳴嘴、小編自然靠攏，則登基之日不遠矣。尚不知如何著手的政治人物們，可續看本書第三篇「三隻小豬革命史」，看看動物共和國的拿破崙，如何以"治國三寶"登上總統寶座。

2-5. 萊劑毒性是搖頭丸的 1/4，萊豬能吃嗎？

　　2020 年 12 月,蘇偉碩醫師將原先說:「萊劑促動(TAAR1)的毒性,"可能"是搖頭丸(MADA)的 250 倍」,修正為 1/4 倍;指出蘇醫師引用數據錯誤的人,應該是姜至剛教授,上網搜尋姜教授的新聞,自 2020 年 9 月起,就有姜教授談論萊豬的食安問題,當時尚未提及蘇醫師引用了錯誤數據,直到 2020/10/26 的公聽會上,才說:「依 2014 年的原始論文,萊劑的作用能力(※毒性),是安非他命的 1/4」,衛福部看到姜教授的資料,宛如撿到大砲,如獲至寶,立即在 10/28 大動作的向警政署告發蘇偉碩醫師,似乎是"大砲打小鳥",落人口實而已。

　　蘇醫師引用的數據是出自 2017 年由 Mark D. Berry 等人在 Pharmacology & Therapeutics 期刊所發表的論文,此論文中萊劑的毒性是 0.016μM@LC50(※LC50 是 Lethal Concentration 50%,半數致死濃度,數值愈小,毒性愈高),然而,此數據又源自 2014 年由 Xuehong Liu 等人所發表的論文(圖 2-4),此論文中萊劑的毒性是 16μM@LC50,兩者差了 1000 倍,而產生了 250 倍及 1/4 倍的差異。

　　顯然,蘇醫師並未刻意散播假消息,只是引用的論文本身錯誤,衛福部大可如姜至剛教授一般,提出的科學證據加以反駁、澄清,而不是先告發,請警局送辦;事後,蘇醫師應是依姜教授的論點,回看 2014 年的文章,而修正為「萊劑毒性(※作用能力)是搖頭丸的 1/4」。

圖 2-4. 萊劑的毒性為 16μM@LC50 的原始論文

The Journal of Pharmacology and Experimental Therapeutics
American Society for Pharmacology and Experimental Therapeutics
(https://www.ncbi.nlm.nih.gov/pmc/articles/PMC4170122/)
J Pharmacol Exp Ther. 2014 Jul; 350(1): 124 – 129. PMCID: PMC4170122
Published online 2014 Jul. doi: 10.1124/jpet.114.213116 PMID: 24799633

Ractopamine, a Livestock Feed Additive, Is a Full Agonist at Trace Amine – Associated Receptor 1

Xuehong Liu,corresponding author1 David K. Grandy, and Aaron Janowsky

Abstract

萊劑　美國約有 80%的牛、豬及火雞被餵食萊劑

Ractopamine (RAC) is fed to an estimated 80% of all beef, swine, and turkey raised in the United States. It promotes muscle mass development, 萊劑優點：①促進肌肉生長、 limits fat deposition, and reduces feed consumption. However, it has several undesirable behavioral side effects in livestock, especially pigs, 副作用： including restlessness, agitation, excessive oral-facial movements, and aggressive behavior. …

資料來源：https://www.ncbi.nlm.nih.gov/pmc/articles/PMC4170122/

但是，不知衛福部是否認同「萊劑毒性是搖頭丸的 1/4」之論點？搖頭丸的 1/4 毒性，對人體沒有影響嗎？

在(學術)期刊上發表研究論文，必然需要"有所本"，註明引用數據的參考資料來源(References)，老朽也曾於 2019 年 9 月在國際期刊發表過英文論文，也列出了 15 篇參考資料來源，而這些參考資料也經過各國際性期刊審查後才登

出,引用者多僅能坦然相信其數據的正確性,是否有"利用統計學說謊",確實難以查證,除了一些筆誤及單位換算所造成的錯誤外,對於期刊中的結論多難以反駁。※每一項(公正的)科學研究,均可能因為樣本源、樣本數、環境及分析方法等之不同,而有不同的結論。

對於萊劑/萊豬的研究,國際期刊上有多篇不同看法的論文,引用者(執政黨、在野黨)可各自引用對自己有利的數據(※見 p.20),這就是政府與民間的環境評估或空污議題的報告,均會出現南轅北轍之看法的原因,更何況有所謂的「統計操控」方式可運用,所以,敵對雙方所提出的科學數據,孰是?孰非?還是回歸老話一句,"各自解讀"吧!

蘇偉碩醫師在馬英九執政末期(2016 年 3 月)就出版過「瘦肉精與癌症的前世今生」(初稿為 2013 年),在 2020 年10 月又出版僅 31 頁的「揭穿萊劑的安全神話:科學證據彙篇」,書中並未出現"非理性的言論",嚴格來說,這本書僅能算是收集"萊劑不安全"的集錦,可連結到各論點的出處,其中包含 2012 年 7 月 6 日登載在自由時報的反對萊豬文章。事實上,衛福部也可以依樣畫葫,出動網軍上網搜尋有利政府政策萊劑/萊豬的文獻,與「揭穿萊劑的安全神話」大 PK。

姜至剛教授所提及的原始論文如圖 2-4 所示,在其摘要(Abstract),第一段即說:「家畜使用萊劑有(1)促長肌肉、(2)抑制脂肪積存,和(3)減少飼料用量的優點」,前兩項優點看起來好像是"減肥聖品"，希望衛福部可利用"科學實驗方法"研究研究，搞不好可以弄出個"全球第一"的減肥藥，至於副作用，以後再說吧！大多數的(減肥)藥品，不也多帶有副作用嗎？減肥者多是"要美不要命"，沒在怕！

萊劑的人體實驗論文僅出現一次，發表在 The EFSA Journal (2009)1041,1-52(European Food Safety Authority)，期刊論文 Scientific Opinion on Safety Evaluation of Ractopamine 中，提到以 6 位健康的自願者(平均年齡 23.5 歲，體重 75.3kg)作試驗的記錄，其中也包含牛、豬、猴、狗等試驗。有興趣者，可自行去網路閱讀。不過，因樣本數(※6 人)、樣本源(※年輕健壯者)，就可能使"科學分析"結果產生偏差，顯然此篇人體實驗的結果，有失偏頗，不過，這是不違法的"統計操控"手法，可作為挺萊豬的"科學依據"。

官方反駁萊豬的報導中，並未對"萊劑的 1/4 搖頭丸毒性是否有害健康"提出解釋，農委會主委陳吉仲(2020/10/29)回應說：「美國養豬只有 22%使用萊劑，美豬在台的市佔率僅 1.23%，因此市面要買到萊豬的機率只有 0.27%」。22%×1.23%=0.27%計算法，是科學計算分析法嗎？

即使 0.27%的數據是真的，別忘了，1.23%是未開放時的市佔率，一旦開放後，應會成長 N 倍吧？圖 2-5 是農委會的統計資料，2019 年的美豬進口量排名第 3(13.1%)，約為第一名的加拿大豬(44.2%)的 30%，在 2021 年 1 月開放進口後，不出 2、3 年，人民淡忘後，低價的美國萊豬，市佔率必然會登上第一名的寶座，讀者姑且拭目以待吧！

圖 2-5. 2019 年台灣五大豬肉進口國之比重

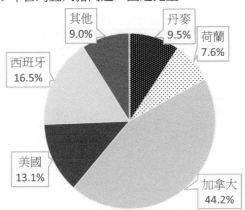

出處：行政院農業委員會，農業統計資料(豬肉，生鮮、冷藏或冷凍)(本書製圖)

　　目前台灣允許豬肉進口的國家共有 13 國，其中，**允許使用萊劑的國家為美國、加拿大、紐西蘭及澳洲 4 國**。中國不允許萊豬進口，但是在 2019 年 6 月初，中國驗出加拿大豬含有萊劑而暫停進口加拿大豬(※大批使用進口偽造證書)，商人有利可圖，應不會只出現在中國，2019 年 6 月時，也未聽說台灣主管當局有立即檢驗加拿大的進口豬，是否不敢檢驗，就讓民眾吞下肚了？

　　由衛福部食品藥物管理署網站的「**豬肉儀表板**」(※圖2-6)可看出，自 2021 年 1 月 1 日迄 4 月 19 日止，由美國進口的豬肉為 1,087 噸，其他可食部位 761 噸，這麼多的美國豬肉及內臟哪裡去了？為何看不到"本店採用美國豬肉"的標示牌？政府宣稱「進口豬肉萊劑零檢出」，相信這是真的，至少在 2021 年 8 月 28 日「**反萊豬公投**」前，政府應不敢讓美國萊豬進口，除非執政黨對「反萊豬公投」另有盤算。

圖 2-6. 「豬肉儀表板」的各國豬肉進口數量

產地	豬肉		豬肝、豬腎、豬其他可食部位*	
	重量（噸）	占比	重量（噸）	占比
臺灣豬	**139,402.**93	**90 %**	**128,602.**03	**96 %**
進口豬	**15,143.**29	**10 %**	**5,287.**29	**4 %**

進口國別	重量（噸）				檢出萊劑	
	豬肉	豬肝	豬腎	豬其他可食部位*	批數	重量（噸）
澳大利亞	-	-	-	44.28	0	0.00
奧地利	44.50	-	-	40.90	0	0.00
加拿大	5,588.61	-	-	2,079.59	0	0.00
丹麥	4,033.40	-	-	129.92	0	0.00
芬蘭	23.00	-	-	-	0	0.00
法國	93.04	-	-	171.98	0	0.00
義大利	329.64	-	-	246.53	0	0.00
荷蘭	831.84	-	-	1,009.74	0	0.00
紐西蘭	-	-	-	-	-	-
西班牙	2,777.84	-	-	546.32	0	0.00
瑞典	164.20	-	-	137.00	0	0.00
英國	170.22	-	-	119.89	0	0.00
美國	1,087.00	-	-	761.14	0	0.00

*豬其他可食部位：如 豬腳、大腸頭、肝連、嘴邊肉、豬頭皮、豬鬆在等
統計日期：110.04.20 11:00:00

資料來源：衛生福利部食品藥物管理署「豬肉儀表板」

　　自 2000 年以來，美豬一直是日本的最大豬肉進口國，日本是在 2004 年才開放美國萊豬進口，當時雖然民間有抗議聲浪，但是，日本在野黨並沒有藉機大動作的搞遊行抗爭；所以，如圖 2-7 所示，僅在 2004 年被丹麥豬稍微超過，降為第二名，就在隔年，低價位的美國萊豬就再度領先丹麥豬，成為日本豬肉的第一大進口國，16 年來，美國豬依舊是日本的最大豬肉進口國，日本人吃萊豬已經習以為常了。

圖 2-7. 日本歷年五大豬肉進口國之進口量(本書製圖)

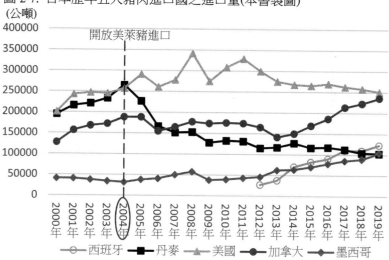

出處：独立行政法人農畜産業振興機構(alic)「国内統計資料」(豚肉の輸入動向)

　　同樣地，2021 年元月台灣開放美國萊豬進口，頂多 2 年民眾就會淡忘，當在野黨已無著力點時，相信美國豬將會以低價優勢，超越西班牙豬及加拿大豬而成為台灣的最大豬肉進口國。既然如此，就換個腦袋想想吧，美國使用萊劑餵食豬、牛已超過 25 年了，美國人長得比台灣人高又壯；就接受萊劑含量低於 0.1ppb 的萊豬是無害的"科學事實"吧，升斗小民幹嘛跟自己的荷包過不去，安心享受低價的美國萊豬吧！

　　此外，依蘇醫師引用的最原始論文(※圖 2-4)摘要(Abstract)中，第一句即指出「**約有 80%的美國牛、豬及火雞等使用萊劑**」，若依(80%×30%=24%)的科學計算法，約在

2024 年之後，台灣市場上，則"可能"有 1/4 以上的機率買到萊豬。

其實，執政黨大可不必遮遮掩掩，反而應大方承認，為了國家的政治經濟利益與國民的健康(※萊豬使用萊劑可促進肌肉生長並減少脂肪積存，見圖 2-4)，決定進口萊豬，說不定適量的萊劑是減肥聖品，就跟適量的砒霜可以當藥品治療腫瘤一樣，諾貝爾獎得主李遠哲也說：「糖也是毒，少吃就沒事」。

因此，可用最簡單易懂的科學實驗方法來驗證，拿人民當白老鼠，在全國廣設"萊豬美食"餐廳或食物銀行，提供免費的萊豬美食供民眾食用。如表 2-1 所示，萊豬進口的檢驗標準是 0.01ppm(百萬分之一)，含 0.01ppm 的萊劑，生肉或許不能吃，但是，若以 100℃燉煮 1 小時後，"也許"萊劑就沒有毒性了，請衛福部以"科學實驗"作看看，為人民謀福利。

表 2-1. 萊劑容許殘留量與最大攝取量

種類	萊劑的容許殘留量			可容許最大攝取量(公斤/天)		
	CAC(ppb)	日本(ppm)	台灣(ppm)	CAC	日本	台灣
牛肉	10	0.01	0.01	6kg/天(約 36 客 6 盎司牛排)		
豬肉	10	0.01	0.01	6		
豬肝	40	0.04	0.04	1.5		
豬腎	90	0.09	0.04	0.67	0.67	1.5

註：1ppm=1000ppb，1 盎司=28.3 公克。
資料來源：衛生福利部開放美豬問答集(2020/09/17)

假如相信衛福部的公告數據(※表 2-1)為真,「每人每天要吃 30 片的 200 公克之萊劑肉排,天天吃且吃一輩子,才可能超過安全攝取量」(※這不是假新聞,出處:衛福部 2020/09/17 公告之「開放美豬問答集(安全篇)」。老朽已 70 多歲了,願意當衛福部的人體實驗先驅,每天吃含萊劑 200 公克的豬排,相信有很多民眾,跟我老朽一樣,願意享受免費的萊劑豬/牛排套餐,如此即可破解蘇偉碩醫師的「科學數據謊言」。

不解的是,依常識邏輯思考,既然萊豬的萊劑含量低於安全值,為何執政黨不以身作則,由正副總統、五院正副院長、公職高官及黨籍立委,公開每日吃萊劑豬排一年(※可報各部會統編,由全民買單)。既然萊豬沒有疑慮,為何教育部、國防部、警政署及退輔會等,均宣示不讓學生、軍人、警察及榮民吃萊豬?為何農委會不允許台灣養豬戶用萊劑,反而允許萊豬進口? Why?Why?Why?長官聽到請回答!耳聾的長官不用答!

蘇偉碩醫師反萊豬的立場一路走來始終如一,在 2012 年是在野的民進黨之座上賓,打擊馬政府的美牛進口政策不遺餘力(※沒有任何人被查水表),2020 年卻為反對萊豬進口的政策,被當年同一票政客視為毒蛇猛獸,而被查水表;"換位置跟著換腦袋"未嘗不可,用國家機器怪獸打擊蘇醫師有必要嗎?反而成為槍靶,落人口實!

建議執政黨可在各縣市廣設"中央廚房"分店,免費提

供以萊豬/萊牛製作的豬排、牛排及肉丸、香腸、肉燥飯、
爌肉飯、貢丸湯等美食，保證不出一年，即使在野黨抗議，
相信民眾也願意排隊等吃免費的萊豬美食。

　　2020 年 10 月底，英國政府公開徵求「願意鼻吸新冠病
毒細菌而染疫，並接受 3 週的密切觀測的 90 位自願者」，
因為有賞金 4,000 英鎊(約 15 萬台幣)，且可免費享受高級
套房，消息傳出後，立馬有 2500 人報名。"顧肚皮優先"，
要錢不要命的大有人在。或者，在廣設萊豬中央廚房之前，
於立法院開會時間，免費提供"民進黨立委萊豬排便當"與"
國民黨立委萊牛排便當"，以破解"萊劑有毒"的假消息，立
委豬公願意嗎？

　　萊豬是否有害健康，就跟手機基地台電磁波是否有害
健康一樣，正反雙方各有科學數據作依據，信者恆信，手
機照用，萊牛照吃，萊豬真有那麼恐怖嗎？

　　還記得 1996 年開放進口基改黃豆和 2012 年開放進口
萊牛嗎？開放進口之初，一樣被當時的在野黨攻擊，但是，
事過境遷，台灣人吃了基改黃豆與萊牛，照樣"頭好壯壯"，
2021 年元月開放進口萊豬，此時正在風頭上，尚沒有進口
商敢明目張膽的進口萊豬，等風頭過後，必然像基改黃豆
和萊牛一樣，民眾就會搶著買便宜的美國萊豬。所以，隔
民黨和暝進黨們，麥擱吵啦！

Chapter 3

三隻小豬的革命史

第三篇 三隻小豬的革命史

記得 2011 年底總統大選時，因三胞胎姐弟捐贈小豬撲滿給總統候選人蔡英文，惹得當時的監察院發函，警告不得接受"非成人"的政治獻金，民進黨怒批監察院是國民黨開的，行政不公，隨後立即宣佈在各地黨部無限量供應小豬撲滿，而引起了"三隻小豬"的風潮。2015 年底再度憑藉著"小豬回娘家運動"，而把蔡英文送進總統府；如今小豬長大了，換成國民黨將超大粉紅豬進入立法院，並由大粉紅豬帶領小豬仔到處遊行抗議，上演"三隻小豬流浪記"。

3-1. 「動物農莊」啟示錄

英國作家(George Orwell)於 1945 年出版的「動物農莊-童話故事(Animal Farm-A Fairy Story)」，是以三頭公豬為主人翁，領導豬、牛、馬、狗、羊、雞等動物，革命推翻人類主人的領導，在成功後，豬頭(※豬的高層)卻背叛當年的革命理想，搞分裂，打擊異己，新威權獨裁，貪污腐敗，傲慢的豬群與人類平起平坐，使豬仔以外的動物，再度回到最初被人類主人奴役的處境，以諷刺史達林獨裁統治的歷程。

Animal Farm-A Fairy Story「動物農莊-童話故事」，副標題雖是"A Fairy Story (童話故事)"，卻是一本不適合兒童看的書籍，所以，此書在美國出版時，刪除副標題"A Fairy Story"，以免引起誤解，讓不明就裡的父母買回去給小朋友看。"Fairy Story"是童話故事，故事的結局多是天真美好的，例如：「…從此過著幸福快樂的生活」，是適合小朋友看的書籍；另一個語詞是"Fable Story"(寓言故事)，多有醒世勵志或道德批判，結局可能對孩童有不良的影響。不過，此書在台灣有多種不同版本的中譯本，亦曾多次入選為"中小學生優良課外讀物"之一。

原版 Animal Farm 是一本約 120 頁的寓言書，將動物擬人化，以豬領導革命，最後豬反而取代人類，而成為新的威權獨裁者，暗喻史達林的革命獨裁者，較適合(含)國中生以上閱讀，是一本歷久彌新的"政治寓言書籍"，迄今(2021年)尚可在國外網路上看到歐美青少年所發表的 Animal Farm 讀後心得(Reviews)，足見此書雖已出版 70 餘年，但依舊為歐美各國之國高中生的課外讀物。

本書完成於 1944 年，因當時英國與俄國是第二次世界大戰(1939～1945 年)的盟國，曾被 4 家出版社拒絕出版，並被政府恐嚇不得出版。「動物農莊」隱喻：**「權力使人腐敗，執政是傲慢的開始」**和**「推翻一個獨裁者時，也是另一個獨裁者的誕生」**；本書宛如是一本動物界的史達林傳記，作者露骨地影射史達林之奪權、整肅異己的獨裁史蹟。此書內容跟台灣的政治局勢有幾分神似，是一本在野之後又重新取得政權之執政高層，應讀的"政治範本"，也是一本政客學習"硬拗本事"的教材。

※史達林是俄羅斯帝國的代表性人物，統治蘇聯長達30 年(1924～1953 年，對於蘇聯及全世界，均有重大影響，

在第二次世界大戰之後，史達林主義為極權、暴政主義的代名詞，直到 1985 年戈巴契夫出任總書記，並實施經濟改革後，蘇聯才逐漸擺脫"史達林"的陰影。

　　此書應列為台灣政治人物的必修讀本(※讀完並繳交 1000 字的心得報告後，才能參選正副總統或立法委員)，此書籍雖然是影射獨裁者史達林的一生，但本書內容可套用在不同時空背景的朝代，例如：遠溯三國時代、近代史上的國共之爭以及李登輝總統後期迄今的不同時空，多可與「**動物農莊**」的動物、情節相呼應。以下是「**動物農莊**」內容概述：

3-2. 豬仔先知的理想 / 豬帝國崛起

　　故事發生在英格蘭威靈頓小鎮的曼諾農莊，主人是**瓊斯先生**(Mr.Jones)，雖然對動物們十分嚴苛，但仍不失為優秀的農夫，只是近來時運不佳，輸了一場官司，損失了不少金錢，開始墮落，終日酗酒，未能妥善照顧農莊的動物。

　　老梅傑(Old Major)是一頭曾經獲獎的智慧老公豬，他在農莊裡的地位崇高，是受動物們尊重的長者，他常告訴動物們說：「人類是毫無貢獻的生物，不事生產，只會壓榨動物們的產能，剝奪我們辛苦勞動的生產成果，人類是動物們的唯一敵人，動物們須團結一致，來推翻人類的奴役統治，惟有趕走人類，剝削與飢餓才會永遠消失」。

　　有一天，他在自感行將就木之前，聚集了曼諾農莊的所有動物，告訴他們說他做了一個夢，夢境中所有動物生活在沒有人類壓榨控制的環境裡，他告訴動物們必須朝向美好的動物天堂而努力，惟有造反、革命、擺脫人類的獨裁統治，才能不被剝奪並享受自己辛勞工作的成果；動物與人類應該是平等的，並教導動物們唱「英格蘭之獸」歌曲，此歌曲令所有動物們感到無比的振奮並激起動物們嚮往自由平等的意識。

　　在聚會的三個夜晚之後，**老梅傑**去世了，三頭**老梅傑**特意培訓的公豬**雪球**(Snowball)、**拿破崙**(Napoleon)和**史奎樂**(Squealer)，**雪球**是一頭機靈、想像力豐富並能言善道的豬；**拿破崙**是大塊頭，工於心計搞派系，而**史奎樂**則是豬界公認的辯論高手，具有顛倒黑白、說服動物的本領，是豬界有名的「三豬組」，三豬組在三個月之後，依**老梅傑**的理念，整理出一套完整的原則，訂出「動物主義」律法。

　　動物們不知**老梅傑**的夢境是否會成真，也無法想像動物造反驅逐人類要如何進行，然而，就在某一天，主人**瓊斯先生**又喝酒而醉得不省人事，忘了餵食動物，使動物們餓了2天時，動物們終於忍不住而群體橫衝直撞找食物吃，見人類就咬、踢撞，**瓊斯先生**和員工們從未見過動物們如此激烈的失控行為，被突如其來的攻擊束手無策，放棄抵抗而逃離農莊，才一眨眼功夫，動物們竟然就輕易的驅逐人類主人，而莫名其妙的成為曼諾農莊的主人

　　隔天清晨，動物們才猛然想起昨天意外的驅逐人類主人，革命成功，他們興奮地巡視一趟農莊，仍然難以置信他們所擁有的一切，最後動物們來到人類主人所住的主屋門口，即使知道人類主人已被趕走，仍然不敢冒然進入，最後由**拿破崙**帶頭撞開了大門，進入屋內後，動物們被眼前富麗堂皇的裝飾所迷惑，即使如此，動物們當場一致決議，動物們不應居住在主屋內，決定保留農莊主屋做為紀念革命成功的博物館。「三豬組」協商之後，決定將農莊改名為「動物農莊」，並將「動物主義」精簡為易懂的七條誡律：
　　(1)凡靠四條腿走路或靠翅膀行動的，全是朋友。
　　(2)凡靠兩條腿走路的，全是仇敵。
　　(3)所有動物不能傷害其他動物。
　　(4)所有動物不能穿衣服。
　　(5)所有動物不能睡床鋪。
　　(6)所有動物不能喝酒。
　　(7)所有動物一律平等。

3-3. 初嚐權力滋味，學習硬拗本事

　　動物革命成功之後，因為豬仔是動物中較聰明的，因此，只負責監督與指導的白領階級工作，對此其他動物們並無太多的異議，因為他們不會思考、提出問題與對策，基本上還是服從豬仔指導、快樂的工作。初嚐推翻人類統治的成果，雖然動物間小爭吵不間斷，但多能自律、不偷糧、不計較，享受自由民主的生活，所有動物均可參加每週一早上的「農莊會議」，表決各項議題，儘管議場的結論多由豬仔所掌控，但其他動物也樂於參加"民主"表決。在各種議題討論時，最熱衷的莫過於「三豬組」中的**雪球**和**拿破崙**，他們兩豬很少達成共識，經常引發激辯而動用表決。

　　一如往常，**雪球**成立多種社團、委員會，熱衷於教育各種動物們如何工作、識字，但是多數動物們不聰明，僅習慣於聽命行事，難以教化，成效不佳；**拿破崙**則熱衷於教育下一代，工於心計，將9隻剛斷奶不久的幼犬，從狗父母的身邊帶走，與外界隔離，僅接受**拿破崙**的思想教育(※洗腦)。

　　有一天早上，動物們發現剛收成的蘋果與牛奶全被豬仔集中管理，僅少量分配給其他動物，動物們當然不滿而抱怨，此項霸佔蘋果與牛奶的事實，就交由具有"硬拗本事"的**史奎樂**負責像動物們解釋；他說：「同志們，經"科學實驗"證明，蘋果和牛奶是豬仔思考時不可或缺的食物，農莊的運作與管理均需要依賴豬仔的思考和腦力激盪，來守護各位的福利，如果豬仔不吃蘋果、不喝牛奶了，你們知道

後果有多嚴重嗎？萬一前朝的**瓊斯先生**又回來統治，你們將再度被奴役，你們願意嗎？」

三兩下子，動物們就被說服了，因為動物們一致的想法，是不願再回到人類主人**瓊斯先生**統治的時代，就同意由豬仔們獨享蘋果和牛奶，於是，新的特權階段誕生了。

動物農莊革命成功後，**拿破崙**每天均會派鴿子到附近其他的人類農莊，鼓勵動物們造反起義，並教他們唱「英格蘭之獸」歌曲，很快地，動物農莊的革命事蹟便傳開了，附近的兩個農莊，狐林農莊(主人皮金頓)和濱田農莊(主人**佛德瑞克**)，深怕自己農莊的動物們也跟著造反革命，兩人雖是死對頭，但仍然同意協助原曼諾農莊主人**瓊斯先生**奪回曼諾農莊。某一天，**瓊斯先生**和夥計們，加上助陣幫忙的**皮金頓**和**佛德瑞克**的支援，10 餘人帶著槍與棍棒，朝動物農莊出發，準備奪回農莊。

人類的舉動被潛伏在人類農莊的鴿子發現，並立即回報動物農莊，其實**雪球**早預料到有這麼一天，已擬妥作戰計畫，在**雪球**的指示之下，動物們很快就定戰鬥位置，人類被誘入**雪球**預設的陷阱區，一陣激戰之後，人類被擊退了，然而，動物們也傷亡慘重，**雪球**與高大的勞動馬**博克斯**也受傷了，在農莊會議中，動物們表決通過，將此戰役命名為「牛棚之役」，將 10 月 10 日訂為「牛棚之役」紀念日，並頒發「動物英雄一級勳章」給**雪球**和**博克斯**，而且設計一幅動物農莊的莊旗，一幅綠色為底加上白色豬蹄和獸角的旗幟。

3-4. 黨內互打、分裂爭權

每逢動物會議時，比其他動物聰明的豬仔，提出的各種建議，均作為農莊經營的參考依據，但是**雪球**和**拿破崙**經常有不同的看法，而雙方各有不同的支持者，因此，會議中經常出現激烈的辯論場面。**雪球**會閱讀人類的「農畜牧經營管理」雜誌，腦中有多種有利農莊經營的理念，能言善道，多能贏得多數動物的支持；**拿破崙**則精於會議休息時間，私下遊說拉票、搞關說、喬事情，而他對羊群的思想灌輸極為成功，在**雪球**演說的時刻，羊群會經常發出「四條腿好、兩條腿壞」的騷擾之聲，來阻擾**雪球**的繼續發言，以扭轉**拿破崙**的劣勢，就在**雪球**提出「建造風車計劃」時，動物們分為贊成與反對兩派，引發了**雪球**和**拿破崙**的正式決裂。

「風車計劃」是**雪球**所提出的，就連設計圖也已經完成，**雪球**宣稱建造風車工期不會超過一年，而完成之後，動物們的勞務將大幅減少，未來可以週休四天，而且可以利用風車發電，提供照明、熱水和電暖器等優點，**雪球**的簡報中，照例被**拿破崙**的羊群鐵粉打斷多次，但是**雪球**以生動的語言，勾勒出動物們未來的生活美景，成功地說服大部分動物。

就在準備投票表決之前，**拿破崙**突然站起來，隨即發出動物們未曾聽過的尖銳哨音，這時外面傳來可怕的狗叫聲，接著 9 隻尖牙的大狗闖進來，直接撲向**雪球**，雪球機靈地閃躲，躲過狗群的利牙，**雪球**奪門而逃，9 隻狗也緊跟著追出去，動物們被這驚恐的一幕嚇到說不出話來，幸運的**雪球**，竄過圍籬上的破洞而消失無蹤，9 隻大狗折返農莊會堂，乖乖地搖著尾巴，圍繞在**拿破崙**身邊。

面對從未見過的 9 隻兇狠惡犬，動物們被嚇到不敢吭聲，乖乖地坐著；原來這 9 隻狗是造反革命成功之後，被**拿破崙**帶走並暗中調教的幼犬。9 隻魁梧的兇狠大狗，就圍繞在**拿破崙**身邊，動物們不知所措，**拿破崙**當場宣佈，以後每週一早上的「農莊會議」不再討論問題，所有的農莊問題，全部交由「豬仔委員會」決定，所有動物及追隨**雪球**的豬仔，懾於**拿破崙**身邊惡犬的低嚎威嚇，均不敢再表示異議。

之後，**史奎樂**成為宣傳部長，依**拿破崙**的指示，輪流走遍各動物的棚舍，負責向動物們洗腦，說明**拿破崙**的決定是正確的，最後就連忠心耿耿、任勞任怨的勞動馬**博克斯**也表示：「**拿破崙**同志永遠是對的」，因此，動物們反對的雜音也就停止了。

只是，以後的「農莊會議」，**拿破崙**、**史奎樂**和新進一隻負責歌頌**拿破崙**的青年豬，坐在主席台上，9 隻狗分坐在以**拿破崙**為中心的半圓形，**拿破崙**改以軍事命令方式，宣佈當週的工作內容，只要動物們稍有不滿怨言，9 隻狗就會發出兇狠的低嚎聲，動物們嚇得不敢出聲，只能乖乖的聽命工作，再度像人類主人時期一樣，奴役般地聽命行事。

3-5. 詭辯洗腦、竄改事實

當**拿破崙**宣佈要啟動「風車計劃」時，動物們感到無比驚訝，當時**雪球**不是因為主張興建風車才被惡犬追殺趕出農莊的嗎？**拿破崙**並未說明他為何改變心意，只提醒動物們，未來將更辛苦的工作、減少配糧，風車計劃已籌備妥當，預計兩年內完成。

至於負責說服動物們的大任，照例宣傳部長由**史奎樂**擔當，他圓滑地詭辯：「其實，風車計劃是**拿破崙**原有主張，只是**雪球**偷了他的構想；因此，他假裝反對風車計劃，這是一種"策略"，目的在於剷除**雪球**這個不合作的亂源，這是"策略"啊，同志們。」，動物們不了解"策略"是什麼意思，不過**史奎樂**的說法，似乎很有說服力，加上和他同來的 3 隻惡犬在旁低嚎，動物們也不敢再發問而接受他的說法。

接著一年來，豬以外的動物們有如奴隸般的工作著，每週工作 60 小時以上，但他們仍然沒有怨言，努力工作，因為至少他們是為了自己與下一代的幸福而工作，而且最強壯的勞動馬**博克斯**，主動超時工作，總把「我要更努力工作」和「**拿破崙**永遠是對的」兩句格言重複地說，激起大家努力工作的意識。

某天的農莊會議中，**拿破崙**宣佈一條新政策：「即日起將與附近農場進行"非營利目的"的買賣交易，以換取建造風車的特殊物資」，並指定母雞應加強下蛋產能，母雞應引以為傲，這種犧牲是為了興建風車的特殊貢獻。動物們一臉疑惑，「不與人交易、不使用金錢和不與人類打交道」，不是當初趕走人類主人**瓊斯先生**之後，首次農莊會議中訂定的原則之一嗎？

動物們起了騷動，不過，一如往常，在惡犬的低嚎威嚇和羊群們「四條腿好、兩條腿壞」的起鬨干擾之下，動物們不再有異聲了，並在**拿破崙**帶領之下，高喊「動物農莊萬歲」和唱「英格蘭之獸」後，會議草草結束。

深秋了，動物們度過了辛苦的一年，幸好興建風車的工作是他們的精神寄託，而風車工程的進度已經完成一半了。然而，在一個暴風雨的夜晚，狂風吹倒旗桿、大樹連根拔起，動物們一覺醒來走出棚舍一看，精神堡壘-興建中的風車，已成為斷壁殘垣了，所有動物均奔向風車工地，一臉哀傷絕望的表情。

此時，**拿破崙**在工地四周來回走動，偶爾在地面上聞一聞，然後怒吼般地說：「這是**雪球**破壞的，他為了報復被逐出農莊的恥辱，趁半夜潛入，摧毀了我們一年來所付出的心血，同志們，我在此宣佈**雪球**的死刑，凡是能處決他的動物，就能獲頒動物英雄二級勳章」。

剎那間，**雪球**就成為「動物農莊」的公敵。「同志們，我們的使命尚未成功，從今開始，風雨無阻地重建風車，大家務必同舟共濟，萬眾一心，直到風車建造成功為止」，「同志們，前進吧！風車萬歲！動物農莊萬歲！」。

　　不久之後，豬仔們突然全體住進動物主屋內，開始享受人類主人般的生活，其他動物們照樣滿臉疑惑這種違反「動物農莊，七誡」律法的做法；和以往一樣，顛倒是非、硬拗本事的**史奎樂**出面說：「豬是農莊的大腦，應該有一個能安靜思考的地方，而且住在主屋比起住在豬舍，才能更襯托出"**拿破崙**領袖"的尊貴氣質」(※近來他提到**拿破崙**時，已開始使用「領袖」的稱號了)，其他動物們又被說服了。

　　才過了一週，拿破崙又宣佈：「即日起，豬仔們擁有比其他動物晚一小時起床的權利」，這次，沒有聽到其他動物們的任何抱怨。

3-6. 整肅異己、新威權的誕生

在寒冬建造風車是相當艱困的工作，動物們總是飢寒交迫，已不像從前一樣的滿懷希望，唯有勞動馬**博克斯**未曾喪失信心，永不放棄的說：「我會更努力工作」，而**史奎樂**則不時地傳播「勞動帶來快樂、勞動是神聖的」等話術演說，來激勵動物們。然而，動物農莊已經開始缺糧了，這段時間，**拿破崙**很少公開露面，就連每週一早上之分派任務的工作也交由**史奎樂**來宣佈。

某週一早上，**史奎樂**宣佈：「將徵收 400 顆蛋賣給人類，以支付糧食費用」，母雞聽到立即提出強烈抗議說：「拿走雞蛋形同謀殺幼雞」，三隻年輕雞仔帶頭反制，**拿破崙**得知後，下令停止供糧給雞群，短短五天雞群就投降了，這是**瓊斯先生**被驅逐之後的首次造反事件。

春暖花開時，突然傳出一則「**雪球**利用夜晚回到動物農莊搞破壞」的流言，動物們無不憂慮萬分而難以成眠，傳說他偷穀物、踢翻牛奶桶、打破雞蛋、賤踏菜園，並啃掉果樹皮等惡劣行為；無論出了什麼差錯，全推到**雪球**身上，甚至有母牛信誓旦旦地說：「**雪球**曾趁他們睡覺時，偷吸他們的奶」。

拿破崙下令全面徹查**雪球**的破壞行為，他在犬侍衛的陪同下出巡農莊各地，展開地毯式搜索，其他動物則畏縮的保持距離、跟隨在後；**拿破崙**每到一處，就東嗅西嗅地，試圖找出**雪球**到此破壞的證據，他說他能聞辨出**雪球**的氣味，他每到一處，總將鼻子湊近地面，吸了幾口氣，然後暴怒地大吼道：「雪球到過這裡」，犬侍衛一聽到「雪球」，就張牙咧嘴，發出令動物們心驚膽跳的咆哮。

動物們徹底被嚇壞了，雪球成為無所不在的惡魔，讓動物們飽受威脅，本來對於「雪球是牛棚戰役的受動英雄」的記憶，全都忘記了，儘管曾與雪球並肩作戰的博克斯，在史奎樂顛倒是非、栩栩如生的重新描述「牛棚戰役」之後，也開始懷疑雪球了，史奎樂接著說：「我們的領袖，拿破崙同志已明確的判定，雪球一開始就是瓊斯先生的臥底奸細」，「哦！那就另當別論了！」博克斯像是豁然開朗的說：「如果拿破崙這麼說，那就肯定錯不了」。

數天之後，拿破崙命令所有動物到庭院集合，他從農莊主屋走出來，身旁仍然圍繞著 9 隻侍衛犬，發出低嚎聲，讓動物們毛骨悚然，畏縮地坐在一起，似乎已預感到將發生可怕的事。

拿破崙佩帶著兩枚自頒的「動物英雄勳章」，嚴肅地站著，炯炯目光掃視所有動物，突然發出尖銳的哨音，侍衛犬立刻衝出，咬住 4 頭豬的耳朵，把他們拖到拿破崙的腳邊，4 頭豬的耳朵流出血，不停地哀嚎著。

接著讓動物們更驚嚇的是，3 隻侍衛犬竟然撲向忠心耿耿的勞動馬博克斯，博克斯機警地用前蹄一踹，將其中 1 隻踩在地上，這隻惡犬發出慘叫求饒，而另外兩隻惡犬夾著尾巴逃走了，善良的博克斯瞪著拿破崙，想知道到底

123

是要踩死他還是放了他？**拿破崙**臉色一變，喝令他放開那隻狗，**博克斯**這才微抬巨蹄放了那隻狗，這場騷動不久之後便平息下來了。

4 頭豬依舊渾身顫抖等候處置，他們正是先前抗議**拿破崙**宣佈取消「農莊會議」的豬仔。**拿破崙**命令他們坦白罪行，4 頭豬供認與**雪球**私通多年，合力破壞風車，並爆料**雪球**曾說他已擔任**瓊斯先生**的臥底密探多年，話才剛說完，4 頭豬立刻遭狗群撕裂咽喉處決了。

隨後，**拿破崙**又聲色俱厲地強迫母雞、鵝、母羊等動物坦承罪行，均被就地正法處死，動物屍體在**拿破崙**前堆積成小山，空氣中瀰漫著濃濃的血腥味，這是自從人類主人**瓊斯先生**被趕走之後，首次發生的慘烈屠殺事件。

3-7. 修法、豬頭貪腐的開始

大屠殺之後，有些動物想起七誡中的第六條：「所有動物不能傷害其他動物。」，不過，他們趕到大穀倉看當初寫在壁面上的第六條，已改為「所有動物不能傷害其他動物，除非另有原因」。

為了重建風車，動物們數次面臨糧食不足的困境，似乎跟**瓊斯先生**當家時差不多，不過，每個星期一早上**史奎樂**會公佈一些統計數字，證明每一種食物的產能均增加了1倍、2倍或3倍，動物們已忘了造反前的數據，只能相信**史奎樂**公佈的數據是真的。

在農莊主屋，**拿破崙**已和其他豬分開，獨享一室、獨自用餐，門口還有2隻惡犬守衛著，此外，新規定是「不能直呼**拿破崙**名字」，必須改稱為「我們的領袖**拿破崙**同志」，而一些馬屁精也會主動加上如動物之父、人類煞星、羊群守護者或鴨群之友等頭銜，將任何幸運、成功之事均歸功於**拿破崙**，已是習以為常之事了。此後，被處決、自殺、失蹤的動物也持續發生，而這些動物均是曾對**拿破崙**的政策表示反對的異議者。

過了幾天，豬仔在農莊主屋地下室找到了一箱威士忌，當晚，主屋內傳出了宏亮的歌聲和嬉笑聲，第二天早上，農莊主屋內一片沉寂(※宿醉)，到了9點多，**史奎樂**睡眼惺忪、搖搖晃晃地走出來，宣佈一條嚴厲的新法令---「飲酒者須處死」。

　　不久之後，**拿破崙**向人類買了「釀酒與蒸餾」的書，並下令廢除「退休動物之家」的興建計劃，該用地改為種植大麥(※釀造威士忌用)，一星期之後，動物們發現，動物七誡的第五條「所有動物不能喝酒」，已改成「所有動物都不該飲酒過量」。

　　這個冬天，豬狗以外的動物們照樣受凍挨餓，除了睡覺就是工作，因為缺糧，又要調整(※**史奎樂**從不說調降)食物供應量了，但是**史奎樂**輕易地又讓動物們相信，他們目前的生活仍然比被人類奴役時期還好。

　　新規定又出來了：「當其他動物在路上遇到豬時，必須站到路邊，所有豬仔皆享有星期天在尾巴繫上綠色緞帶的特權」。二月底的某個下午，動物們聞到一股由廚房傳來"前所未聞"的香味，動物們心想晚餐應有熱呼呼的大麥粥可以吃了，結果事與願違，隨後的星期一又頒布一條新規定：「所有大麥均由豬仔獨享」。

　　歌唱、演講、慶典及遊行的活動愈來愈多，而**拿破崙**生日也成為慶典活動之一，**拿破崙**指示，每週應舉行一次「自發精神展示」活動，以慶祝動物農莊的成果與勝利，遊行隊伍由豬頭帶領，馬匹隨之在後，接著是牛和羊，最後是家禽，而狗侍衛走在隊伍兩側。

　　到了 4 月，**拿破崙**宣佈成立「共和國體制」，唯一的總統候選人**拿破崙**，在全體動物"萬眾一心"無異議的同意之下，就任了「動物農莊共和國」的首任總統，當天又發佈消息說:「找到了**雪球**與人類共謀的新事證,並揭露更多細節」。

如今,動物們已完全相信「**雪球**是人類主人的臥底間諜,是動物農莊的頭號通緝犯」,事實上,自**雪球**被惡犬追殺逃離動物農莊後,就沒有動物或人類見過**雪球**,只有少數長壽的馬、牛、豬,依稀對**雪球**曾獲頒動物英雄一級勳章仍有模糊印象。

風車依舊持續重建中,任勞任怨的勞動馬**博克斯**,終於累垮病倒了。**史奎樂**到工地現場後,他說:「領袖**拿破崙**得知最忠貞勤奮的夥伴受重傷,心中十分悲痛,已指示要將**博克斯**送往威靈頓的人類醫院治療,請動物們放心」。

其實,**拿破崙**將**博克斯**賣給屠宰場,以換取一大箱的威士忌,供自己及豬仔們享用,然而,動物們最後相信的是**史奎樂**的解釋:「領袖**拿破崙**自掏腰包買昂貴藥物,讓**博克斯**在醫院接受最佳的治療照護,但是,因傷勢過重而去世」,動物們至少對**博克斯**能夠在醫院中安詳死去而稍感安慰。

3-8. 變種豬仔的"昨非今是"

就這樣，春去秋來過了許多年，壽命較短的動物均已去世，除了**葛洛芙(老母馬)**、**班傑明(老驢子)**和豬頭之外，已沒有其他動物記得推翻人類主人、造反起義之前是如何生活的了。

風車最後總算完成了，而動物農莊也陸續加入了許多年輕新動物，此時的「農莊共和國」變得比以往更加興隆，表面上看來農莊似乎已變得富裕了，但是除了豬仔和狗以外的動物，卻沒有變得比人類主人時代富足多少；然而，他們相信領袖拿破崙所說的：「真正的幸福就是勤奮工作和簡樸的生活」。只是，沒有任何豬或狗曾經從事勞力工作，他們只在農莊主屋內享福。

儘管豬、狗以外的動物已淪為低階動物，生活依舊是困苦、飢餓，但是低階動物們仍然以「動物農莊」成員為傲，因為他們是沒有受人類主人奴役的動物，他們的農莊是英格蘭境內唯一由動物自主管理的農莊。

某一天，農莊主屋內的豬仔們引起一陣騷動，不久之後，突然豬頭們均穿衣服、兩腳走路，站在最前面是高壯的**拿破崙**，前蹄拿著一條(以前人類主人所有)鞭子，睥睨全場，狗群則在他身邊活蹦亂跳地簇擁著，驚訝、恐懼的低階動物們畏縮擠在一起，瞠目結舌，全都嚇呆了，看著豬仔們以後腳站立，緩慢踏步前進；這世界彷彿顛倒錯亂了，而羊群們在旁不斷地高呼：「四條腿好，兩條腿更棒！四條腿好,兩條腿更棒!」

　　年邁的**葛洛芙(馬)**和**班傑明(驢)**,再度來到大穀倉內,看原本寫著七條誡律的牆壁上,如今只剩下一條被改寫的誡律:「**所有動物一律平等**,但是某些動物更加平等」。

　　一週後的某個下午,數輛雙輪馬車駛進動物農莊,這是一個附近農莊的人類主人前來參觀的考察團,人類農莊的主人參觀了整個動物農莊,他們看到低階動物們認真地在農地裡工作,讚嘆不已,而正在工作的動物們,連頭也不敢抬,自己也搞不清楚,到底是害怕參觀的人類還是拿著鞭子的豬頭。

　　當天晚上,農莊主屋傳來陣陣的歌聲、歡笑聲,引起了低階動物們的好奇心,難道豬頭與人類已處於平等互動的地位嗎?低階動物們躡手躡腳,小心翼翼在主屋窗戶旁,由外往內看,只見6位農莊主人與6隻高層豬頭,分別坐在長桌的兩側,而**拿破崙**坐在長桌前方的主位上,一起把酒言歡,人類主人相當佩服**拿破崙**的「低配給、長工時、少福利」的管理政策,由衷地說:「我們的低階人類比你們的低階動物更難管理」。狐林農莊主人**皮金頓先生**最後說:「容我舉杯慶祝動物農莊六畜興旺、永遠繁榮」,此時又是一陣歡呼,隨後人類與豬頭繼續打牌。

　　偷看的動物們正要離開時,突然人類與豬頭們激烈地爭吵起來,原因是**拿破崙**與**皮金頓先生**同時打出一張黑桃A,人、豬雙方彼此指責對方作弊,憤怒的尖叫爭吵聲竟然是如此的相似，豬頭們的臉上也起了明顯變化。在窗外偷窺的動物們，從豬看到人，再從人回看豬，看了數回之後，他們已分不清"誰是豬頭、誰是人類"了。從此以後，低階動物們過著恐懼不快樂的生活。童話故事 End！

★動物農莊共和國的治國三寶：**史奎樂**(小編)、**羊群**(鳴嘴)與**侍衛犬**(網軍)。

　　由本篇可引導出「**政黨輪迴定律**」，如圖 3-1 所示，選舉換政黨(※民眾期待)→派系爭權利(※內鬥分贓)→鎮反為吾黨(※向下沉淪)→威權轉貪腐(※民眾抗爭)，政黨輪迴‧周而復始‧永恆循環！

圖 3-1. 政黨輪迴定律

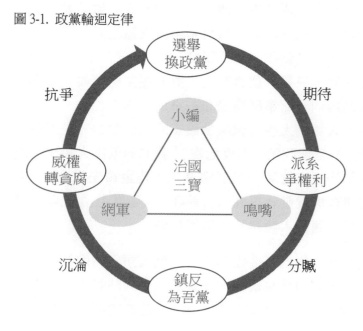

圖 3-2a. 立法院打群架聞名全球(1/2)

資料來源:中時新聞網(2020/06/29 17:06)
https://www.chinatimes.com/amp/realtimenews/
20200629003956-260407

圖 3-2b. 立法院打群架聞名全球(2/2)

資料來源:自由時報新聞網(2020/07/16 20:07)
https://news.ltn.com.tw/amp/news/politics/breakin
gnews/3230914

　　讀了動物農莊寓言，再看看圖 3-2a、圖 3-2b 的立法院打群架亂象，老朽也已分不清隔民黨與暝進黨的差別了，不禁想起德國的知名牧師馬丁‧尼莫拉(Martin Niemoller)，他是第一次世界大戰的德國英雄，獲得鐵十字勳章，也是希特勒掌權初期的支持者，卻是以反納粹的「悔罪文」及「起初，他們…」而流傳後世，我套用他的「起初，他們…」宣言：

當他們抓匪諜時，**我無知，無話可說**，因為我不是匪諜；

當他們抓美麗島人士時，**我保持沉默**，因為我非美麗島人；

當他們查封國民黨黨產時，**我沒有意見**，因為我非國民黨員；

當他們關中天新聞台時，**我沒有反對**，因為我討厭政論節目；

當他們查異議民眾水表時，**我沒有出聲**，因為我不敢反對；

當他們來查我水表時，**已經沒有人可以為我主持公道了！**

Chapter 4

"零碳綠建築"演很大

4-1. 疑雲滿天飛的綠建築聖地

4-2. EUI 全球第一：「綠色精英學院」教的"魔術"？

4-3. (綠能)碳中和："劈腿中和"的邏輯觀

4-4. 「2020 再生能源占比 20%」要跳票了？！

4-5. 學術謊言：凡寫過，必留下筆跡

第四篇 "零碳綠建築"演很大

話說，第三篇(三隻小豬的革命進化史)的豬仔革命造反成功，建立「動物農莊共和國」之後，由於動物共和國已有一座風力發電的風車，**拿破崙**雄心勃勃，聽說人類有所謂的"零碳綠建築"風潮，乃決心建一座不用核能與燃煤發電的"全球最綠綠建築"，讓「動物農莊共和國」不僅聞名英格蘭，也要享譽全世界；因此，下了一道指令：「徵求能建造僅靠(1)風力、(2)太陽及(3)豬屎沼氣發電的"全球最綠綠建築"專家，成功者賞黃金萬兩，2 年內達不到目標者，狗牙賜死」，重賞之下必有勇夫，受聘者為一位美國的綠建築權威"Professor X"。

4-1. 疑雲滿天飛的綠建築聖地

Professor X 果然不愧為國際知名的建築大師，一年多就超前完成了一所符合美國 LEED 標準的綠建築，由**拿破崙**親自命名為「**綠色精英學院**」。在「**綠色精英學院**」的施工期間，經 Discovery 拍攝紀錄片，隨後在全球的 Discovery 頻道陸續報導，而引起國際媒體的關注。一年內，分別取得①英格蘭「鑽石級綠建築」標章及②美國 LEED「白金級綠建築」認證，並榮戴(用電強度)EUI 全球第一的桂冠，和④被登入英國 Yudelson 撰寫的「世界最綠的綠建築」書中，是全球唯一具有(①②③④)四冠王頭銜的綠建築，爾後，又榮獲一些錦上添花的大小獎 10 餘項，獎多不及備載。

　　「**綠色精英學院**」是「**動物農莊共和國**」的聖地，媲美三大宗教(※回教、猶太教及基督教)的聖地耶路撒冷，神聖不可侵犯；然而，可能是樹大招風，「**綠色精英學院**」被人爆料，疑似為了取得美國 LEED 等國際性之綠建築標章，和拿到全球最綠綠建築的最高榮譽，Professor X 被迫依**拿破崙**總統的指示，修改了一些數據，以便通過綠建築審查的標準。

　　拿破崙的死對頭**雪球**得知此訊息後，立即聘請與 Professor X 不同派系的另一位專家 Professor Y，去聯繫爆料者，而取得「**綠色精英學院**」的相關資料，據其所取得的資料顯示，光是「**綠色精英學院**」的建築基本資料(※表 4-1)就兜不攏，**雪球**採用 Professor Y 所做的統計分析報告，以「**國王新衣：首座零碳建築**」，來揭露**拿破崙**玩弄"統計操控"事實的真相。

表 4-1. 綠色精英學院的建築基本資料

1.業主：動物農莊共和國	6.基地面積：80,283m²
2.位置：綠色農莊	7.建築面積：1,397.88m²
3.建築用途：展覽館、會議室(辦公室)	8.總樓地板面積：4,799.67m²($\risingdotseq$4,800 m²)
4.建築構造：鋼筋混凝土	9.建蔽率：27.11%
5.樓層數：地下一層，地上三層	10.容積率：110.38%

　　「國王新衣，The Emperor's New Clothes」是安徒生童話系列中的故事，發表於 1837 年，故事歷久彌新，只是"國王換人當"而已；"國王新衣"，只有聰明的人才看得到，「首座零碳綠建築」是否也是"國王的新衣"？或是不容懷

疑之"皇后的貞操"？

　　首先，參選英國「世界最綠的綠建築」(The World's Greenest Buildings)之六項條件中的第一項，是"總樓板面積需在 4,500 m² 以上"，然而，在「綠色精英學院」的公開資料中，地上(1F～3F)的面積 2,632 m²，加上地下停車場 1,197 m²(無空調)共 3,829m²，那麼，不到 4,500m² 面積"的「綠色精英學院」是怎麼報名入選的？是不是用總樓板面積 4,800 m²(※表 4-1 第 8 項)去申請的？

　　「綠色精英學院」的公開建築基本資料如表 4-1 所示，Professor Y 依其專業，仔細審查其中的數據，發現不管怎麼算均兜不攏；依表 4-1：

(1)建築面積(m²)=基地面積(m²)*建蔽率(%)

$$=80,283m² * 27.11\%(遮蔽率)=21,764.7m²$$

(2)總樓地板面積(m²)≒基地面積(m²)*容積率(%)

$$≒80,283m²*110.38\%(容積率)=88,616.4m²$$

　　表 4-1 第 8 項的總樓地板面積 4,799.67m²，雪球派出地鼠密探偷偷到現場丈量後，發現總樓板面積(地下 1 層+地上 3 層)約 4,200m²(※2 樓及 3 樓部分中空挑高)，此不符合「The World's Greenest Buildings」的條件(≧4,500 m²)。

　　以上問題可能是出在基地面積 80,283m²(24,328.2 坪)，然而，這種由國際級之綠建築大師設計監造的「綠色精英學院」，不應該出這種差錯(※查看建築物使用執照，就一清二楚的數據，為何會疏忽？)，如果前述的基地面積 80,283 m² 與建築面積 1,397.88m² 正確，則實際的建蔽率僅為 1.74%(=1,397.88/80,283)，亦即，「**綠色精英學院**」除了建築物本身的地基與必要的道路外，其他的土地均是樹木和花草，那麼，在英格蘭「綠建築評估手冊-基本型」的九大指標前二項，(一)生物多樣性指標，和(二)綠化量指標，幾乎是可以"躺著拿滿分"。

為了達成"零碳"的理想，**拿破崙**決定撥出「**綠色精英學院**」旁 0.7 公頃的綠地，以及向遠在 50 公里外的人類農莊，購買 4 公頃海邊荒地作為造林的永久綠地，來吸收 71.3 公噸的 CO_2 排放量。

若是僅計入「**綠色精英學院**」北側的 0.7 公頃的既有綠地也就算了，但是，還硬拗加入離「**綠色精英學院**」50 公里的海邊荒地，實在有 GUTS；Professor Y 特地問了幾位建築師友人，也只能苦笑，承認自己沒有能力設計如此的"零碳"綠建築。

國際知名的日本建築師，安藤中熊含蓄地說：「敢說自己設計的建築物是"零碳綠建築"，這可得具備相當的勇氣、膽識和學識」；進一步解讀：「敢自誇"首座零碳綠建築"的人，應該是位居高層，在學術界有"喊水會結凍"崇高地位的專家」。

以 Professor X 在學術界的崇高地位而言，說「**綠色精英學院**」是「首座零碳綠建築」，必然是沒有人敢有"異見

"；同理，「**綠色精英學院**」若想拿"鑽石級"綠建築標章，可想而知，沒有任何評定委員，敢評定為次一級的"黃金級"標章。

　　「**綠色精英學院**」之所以敢稱為「首座零碳綠建築」，玩的就是"花錢除罪化"的"碳中和"魔法；Professor X 以**拿破崙**總統向人類所購買之 50 公里遠的一塊 4 公頃海邊荒地，作為「**綠色精英學院**」的人造林地，於是，此塊人造林地的樹木、雜草所吸附的 CO_2，可用來計入"中和"「**綠色精英學院**」用電量的 CO_2 當量。

　　基本上，想要"碳中和"，就得花錢透過"碳補償"仲介機購來買碳權，"中和"碳排放而達到"零碳建築"的目標，國際上碳權交易價格的波動相當大，每公頃 CO_2 當量，在 1～30 美元之間，但是，Professor X 的"不花一毛錢"魔法，超簡單地在 50 公里外的海邊荒地，變出了一片"夢幻人造森林"。

　　為了求證並了解現況，**雪球**派出飛鴿密探偷偷潛入號稱的"零碳夢幻森林"的海邊荒地，一探究竟，這塊未開發的的海邊荒地，為了號稱"零碳夢幻森林"，當時種植了直徑 ≦5 cm 的小樹苗共 1,455 株，因為當地無水源，加上海邊地鹽分太高，如今只剩下不到 200 株小樹的"零碳荒禿樹叢"。森林的定義是啥？不似台灣的溪頭國家公園，好歹也要像台北市植物園。

　　圖 4-1 是剛種植 1455 株小樹苗的照片，圖 4-2 是**雪球**密探所拍攝的現況照片，如圖 4-2 所示，看不到枝葉茂密

的"森林"，當年種的小樹苗存活率不到 2 成，就連雜草也難以成長，Professor Y 難以相信此塊地就是傳說中的"零碳夢幻森林"。

圖 4-1. "零碳夢幻森林"當初所種植小樹苗(7 科 7 種 1455 株)照片

圖 4-2. **雪球**密探所拍攝的"零碳夢幻森林"現況照

　　海邊荒地之人造林，確有其事，**拿破崙**稱為"零碳夢幻森林"，但是，Professor Y 發現，**拿破崙**公告的資料只有 2.5 公頃而已，"將 2.5 公頃誇大為 4 公頃"，這算不算偽造數據、造假、騙人？Professor X 常公開表示說：「源頭減量勝於末端控制」，那麼，怎麼也搞起"建築碳足跡、碳中和"的遊戲呢？是身不由己而順從**拿破崙**的聖旨嗎？

　　同時，「假如設法增加 4.7 公頃的造林，以每公頃每年吸收 15 噸 CO_2 計算，其光合作用剛好可以吸收其總耗電量所排放 CO_2 71.3 公噸，即可達到"零碳"的理想。」，為了確認"每公頃年吸收 15 噸 CO_2"之數值是否合理，Professor Y 查了英格蘭林務局的網站資料，人造林的條件是：「第一、單位面積固碳量：7.45～14.9 公噸/公頃/年」，「第二、平均生長量：5～10m³/公頃/年」，「第三、植樹面積：1,500 株/公頃」。

關於第一點，Professor X 將最大值(14.9)四捨五入，取每年每公頃 15 公頃 CO_2 當量計算，尚且還可以(※因為"節能減碳評估"多是這樣做的)，取對自己有利的最大值，不算偽造數據；然而，第二點的平均生長量 5～10m³/公頃/年，Professor X 應該知道"這是不可能的任務"，因為，那塊海邊荒地，土壤鹽份高，不僅外來物種難以存活，就連原生物種的小樹苗也難有 5～10m³/公頃/年的年生長量；第三點，每公頃需種植樹苗 1,500 株，身為綠化大師的 Professor X 一定清楚，但是，海邊荒地的 2.5 公頃"零碳夢幻森林"，僅種了 7 科 7 種 1455 株樹苗；亦即每公頃僅 582 株，這似乎是涉及"企圖以含糊的數據" (※尚不算偽造數據)，來愚弄**拿破崙**總統及綠建築的審查委員，還好未被**拿破崙**發現，否則 Professor X 早就喪命於**拿破崙**的侍衛犬口中了。

「**綠色精英學院**」不花一毛錢，即取得海邊荒地，來"中和「**綠色精英學院**」的排碳,而成為「首座零碳綠建築」。

「**綠色精英學院**」不僅是「動物農莊共和國」的「綠建築教育示範基地」,是綠建築的聖地,也是聞名國際的「全球最綠綠建築」,但是，Professor X 至少有以下 5 項必須釐清的數據疑點：

(1)基地面積：80,283 m^2，85,088 m^2，或其他？

(2)總樓地板面積：4,800 m^2，4,395 m^2，3829 m^2，或其他？

(3)參選「全球最綠綠建築」時的總樓板面積是 4,800 m^2、4,395 m^2，或其他？

(4)4,800 m^2 總樓板面積是怎麼算的？2 樓及 3 樓的挑空中庭，可計入總樓板面積嗎？

(5)海邊荒地的人造林面積是 4 公頃？還是 2.5 公頃？造林數量足夠吸碳 71.3 公噸嗎？

　　以上 5 項疑問的答案是啥？是"統計操控學"的應用嗎？經**雪球**向聯合國綠建築委員會舉發之後，不僅是「動物農莊共和國」的動物們都在看，全世界的人類也想知道答案。

　　Professor X 曾說：「過去我常發現許多宣傳媒體、名人演說，甚至是學術報導、研究報告，常充斥著不實扭曲、掛羊頭賣狗肉的情形，這會造成民眾對科學的不信任，令我痛恨不已。假如「**綠色精英學院**」的數據有造假不實，是我良心之譴責，根本不足以為環保教育的典範。」

　　雪球公開表示，願以謙卑、謙卑、再謙卑的態度，請 Professor X 不畏**拿破崙**的淫威，勇敢出面當汙點證人，揭發**拿破崙**總統威迫他造假的事實，公諸於世，不要為了"掩飾小謊而捏造更大的謊言"。

　　由於 Professor X 已神隱失蹤，而**拿破崙**總統也不公開露面，**雪球**再透過媒體爆料，提出更驚人的"統計操控"問題：(下一篇)。

4-2. EUI 全球第一：「綠色精英學院」教的"魔術"？

魔術，是普受社會大眾喜愛的娛樂節目，是中國中央電視台每年春節聯歡晚會(※簡稱春晚)中必有的節目，台灣知名的魔術師劉謙，也五次上過春晚表演魔術，包含最近一次(2019 年 2 月 5 日)，劉謙表演"魔壺"的魔術，"無中生有"憑空倒出紅酒、白酒、紅茶及豆漿等，被眼尖觀眾揭穿疑似"造假"的片段，中國網民稱央視春晚的"愚民魔術"已經黔驢技窮了。

其實，魔術之所以稱為魔術，因為觀眾都知道魔術是假的，不管是"無中生有"，或是"有中變無"，靠的是技巧/技術或障眼法，既然大家都知道"是假的"，就談不上"造假"，所謂的"造假"，應是指表演者，事先信誓旦旦的告訴觀眾，無中生有的表演"絕對是真的"，結果被揭穿"是假的"，這才是"造假"的騙術。

魔術是精湛熟練的"技術"，然而，學者專家的(綠建築)模擬分析/節能評估報告，就是希望讀者能信以為真，但是，用的卻是障眼法的"騙術"，蓄意矇騙讀者，這就事態嚴重了！「綠色精英學院之全球第一的 EUI(用電強度)」，使用的統計操控手法，是"技術"、還是"騙術"？是"假消息"、還是"真新聞"？有待讀者看完以下報導之後，自己定奪了！

「綠色精英學院」號稱全年的實際 EUI 僅 40.3 kWh/m²/yr(※EUI：每年、每 m² 的用電度數，數值愈小，愈省電)，歐洲、美國及亞太地區的綠建築之實測 EUI，則各為 135、156 及 158 kWh/m^2/yr，遠遠高於「**綠色精英學院**」的數據(40.3)，所以，「**綠色精英學院**」稱為「世界最綠綠建築」中的「第一綠建築」，似乎是當之無愧。

Professor X 多次強調「**綠色精英學院**」的用電強度(EUI)是"世界第一"的節能建築，並以完工後啟用第一年的電費單，證明 EUI 只有 40.5kWh/m^2/yr，來證明"世界第一節能率"的封號是真的。Professor Y 立刻質疑:「"真的"是真的"嗎？」

於 2014 年，美國蘋果電腦公司，宣稱其位於美國加州的新建總部"Apple Campus 2"(2016 年完工)，將會是地球上最綠的綠建築(The Greenest Building on the Planet)，而英國「The World's Greenest Buildings」作者 Yudelson 也確實在書中說:「動物農莊共和國的**綠色精英學院**才是最綠的綠建築，因為其第一年的 EUI 僅 40.43kWh/m^2/yr」。然而，這種比較有點不倫不類，表 4-2 是「**綠色精英學院**」與 Apple Campus 2 的比較表：

表 4-2. **綠色精英學院** vs. Apple Campus 2

序號	項別	綠色精英學院	Apple Campus 2
1	總樓板面積	4,800m^2	548,000m^2 (為**綠色精英學院**的 125 倍)
2	建物用途	展覽廳、會議室、辦公室、迷你博物館、停車場…	辦公室、研發中心、會議室、運動休閒區、停車場…
3	EUI	40.43 kWh/m^2/yr (第 1 年電費單)	257 kWh/m^2/yr (預估值)
4	空調方式	夏天(冷氣)，冬天(無暖氣)	夏天(冷氣)，冬天(暖氣)
5	比大小	桌球	籃球
6	比高低	透天厝	台北 101

由表 4-2 可知，此是不當的類比方式，不能單純以 EUI

來看"誰比較綠"；Professor Y 說：「這涉及"統計操控"手法，我在鄉下老家的三樓透天厝，總樓板面積 98 坪(323m²)，僅 2 人住(≒上班人數)，3F 僅用週末(≒會議室)，1F 會客室兼辦公室，每年用電約 960 度(kWh)，所以，EUI = 2.97 kWh/m²/yr，僅約「**綠色精英學院**」EUI 的 13.6%。

可以這樣比較嗎？可以的話，聯合國建築中心應該主動頒一顆(10 克拉)鑽石級的綠建築標章，給不花一毛錢就創下 EUI= 2.97kWh/m²/yr 之 Professor Y 的"寒舍"吧？※寒舍：顧名思義，就是不用冷氣就很冷了。

再看另一項調查的數據，表 4-3 是聯合國建築研究所的研究報告之 EUI 數據：

表 4-3. 公共機關各類辦公場所 EUI 數值統計表

序號	辦公建築類別	樣本數	平均 EUI kWh/m²/yr	最大 EUI kWh/m²/yr	最小 EUI kWh/m²/yr
1	地方政府所屬機關	292	122.47	425.52	28.80
2	鄉鎮市公所	540	76.50	278.30	24.30
3	行政院及所屬機關	302	141.72	446.86	42.16

如果以「**綠色精英學院**」第一年的 EUI 40.43 kWh/m²/yr，來跟表 4-3 中的平均 EUI 作比較，尚可保住"全球第一"的寶座，但為何不跟好的(最小 EUI)比？就只能勉強當老三了；所以，不同類型建築物的 EUI 比較，沒有實質上的意義，要比就應依「**綠色精英學院**」近 3 年的電費單，和第一年的 EUI 做比較！

總而言之，之而總言，懶得再比下去了！因為「**綠色**

精英學院」的主要用途是場地租借，包括 300 人演講廳、80 人會議室 1 間、24 人會議室 3 間和 1 樓約 400m² 供展示用的中庭等，而正常的上班人數僅約 30 人，如上網查「**綠色精英學院**」的場地租借狀況，每天有上午、下午及晚上三個時段，平均使用率不到 40%，那麼 EUI = 40.43 kWh/m²yr 值得驕傲嗎？可以拿來跟正常的辦公室 EUI 做比較嗎？

在**拿破崙**總統的下令封鎖之下，查不到"使用執照"的數據資料，「**綠色精英學院**」的總樓板面積是 Professor X 說的 4,800m²，還是更低？在缺乏第三公證單位的證明(※怕被查水表，沒有人敢當第三公證單位)，難以給予致命一擊。不過，可以用「**綠色精英學院**」的「第一年實際耗電量」與事前以「eQUEST 軟體」解析耗電量比較表(※表 4-4)的數據來反推計算；依表 4-4 的數值計算，以公開的用電強度(EUI)來反向推算，「**綠色精英學院**」的總樓板面積，如表 4-4 所示，可能近似 2,867.7m² 或 3,051.8m²，此數據如有錯誤，Professor X 可以"科學實測數據"，提出反駁。

表 4-4. 以用電量及 EUI 反算總樓板面積

	年用電量 kWh	EUI(kWh/m²/yr)	反算總樓板面積	誤差
eQUEST 模擬解析值	125,320	43.7	2,867.7m²	-6.03%
2011 年實際用電值	123,296	40.5	3,044.3m²	100%

因為表 4-4 中的 123,296kWh(度)，據說是「**綠色精英學院**」之第一年電費單的數據，"不會有錯"，所以應該相信 "3,044.3m² 是正確的總樓板面積"；然而，3,044.3m² 為何遠小於前述 Professor X 所說的 4,800m²？

　　Professor Y 一直很在意到底"EUI 40.5 kWh/m²/yr"是怎麼算出來的？後來，看了吹哨者提供之將「**綠色精英學院**」列為"全球第一綠建築"的英文書「The World's Greenest Buildings」，才查到表 4-5 的數據，表 4-5a 中的總樓板面積為 4,800 m²，但在計算 EUI 時的面積是 3,055 m²(※不含需用電的地下停車場面積 1,414 m²，why？)，所以，得到的 EUI = 40.4 kWh/m²/yr(≒123,296 kWh/yr÷3,055 m²)。EUI 取近似值 40.5(≒40.4)，OK；但是，登記的總樓板面積為 4,800 m²，所以，依用電強度(EUI)的計算公式，正確的 EUI 應為：

EUI(kWh/m²/yr)=總耗能量(kWh/yr)/總樓板面積(m²)……(1)
$$= 123,296÷4800 = 25.69 \text{ kWh/m}^2/\text{yr}$$

表 4-5. 「**綠色精英學院**」的"國際版"數據

At a glance (表 4-5a)
Name: Republic of Animal Farm, Green Elite Technology
Location: Wellington, England
Size: 51,660 sq ft 4,800 sq m 總樓板面積(m²)
Completion: January 2011

Operating Data (表 4-5b)

EUI
Annual energy use (actual): 40.43 kWh/sq m. (Total Energy Use: 123,296 kWh in 3,055 sq m floor area not including the 15,220 sq ft [1,414 sq m] basement parking area. Table 7.52 shows that measured

　　這個實際的 EUI 數值(25.69kWh/m²/yr)，在當年(2012 年)有點"好到不像話"，可能引人質疑；Professor X 用來與「**綠色精英學院**」EUI 作比較的各國辦公室 EUI 值，分別為英國(404)、美國(390)、香港(304)、新加坡(217)及中國(111.2)，均數倍(4.3～15 倍)於「**綠色精英學院**」的實際 EUI (25.69 kWh/m^2/yr)，所以，才故意"不含地下停車場面積(1,414m^2)"，使計算面積減為 3,055 m^2，而讓EUI升為 40.5 kWh/m^2/yr 吧？

然而，這個"全球第一"的 EUI(40.5 kWh/m^2/yr)，不到 2 年時間，就被位於美國西雅圖國會山莊(Seattle's Capitol Hill)附近的 Bullitt Center 打破了，Bullitt Center 第一年的實測 EUI 為 32 kWh/m^2/yr，此棟建築為 6 層樓辦公建築，總樓板面積為 4,833 m^2 (※與「**綠色精英學院**」據說的 4800 m^2 相當)，其屋頂採用外凸式(遮陽)的太陽能光電板，額定功率為 244kWp(※「**綠色精英學院**」僅 17.6kWp)，年發電量為 230,000 kWh/yr，除了 154,600 kWh/yr 自用外，其餘約 30% 發電量，每年售電收入逾 50,000 美元。※仍然稱不上「零碳建築」，因為見不到陽光時，仍得使用傳統電力。

Bullitt Center 迄今仍是"零碳建築"的典範，在完工啟用後的 3 年間，共獲得 15 個獎項，且被歐美雜誌引用討論的論文多達 56 篇，但是，並沒有申請美國 LEED 的白金獎。

通常，學者專家在做模擬分析/節能評估時，為了怕"不良讀者"找碴，多不提供原始數據資料，而只列出結論的圖表，因為學者專家崇高的身份地位，沒有人會懷疑而信以為真，對於 Professor X 所設計監造的「**綠色精英學院**」而言，如果，能夠公開建築物使用執照、電力公司的電費單和再生能源電能躉購電費通知單，或許就可以揭開「**綠色精英學院**」之 EUI 的"潘朵拉盒子"了！

4-3. (綠能)碳中和："劈腿中和"的邏輯觀

全球綠能化的熱潮中，「**碳中和**」和「**劈腿中和**」已成為不可分割的連體嬰！

在 20 世紀初，開始有了溫室(效應)氣體(Greenhouse (Effect) Gas)的概念，直到 20 世紀中期，才真正了解溫室氣體中的二氧化碳 (CO_2) 是造成地球異常溫室效應(Greenhouse Effect)的元兇，使地表溫度逐漸上升，為解決此一全球性共同面對的問題，許多的已開發工業國家於 1997 年 12 月，在日本簽署了「京都協議書」，以提出溫室效應對策，然而，地球環境仍舊逐漸惡化，各工業國在 2015 年 12 月又簽訂了「巴黎(氣候)協定」，訂定了如何減少二氧化碳排放的對策、數量與時程。

2019 年 12 月歐盟發佈「歐洲綠色政綱」(European Green Deal)，宣示歐盟各國將在 2050 年達到「碳中和」(Carbon Neutral)或稱「淨零碳排」(NetZero(Carbon) Emissions)，在 2021 年 4 月的「全球領袖氣候高峰會」(Leaders Summit on Climate)，美國總統拜登率先宣佈美國對抗氣候變遷(Climate Change)的決心，要在 2030 年以前讓溫室氣體減排放量降至 2005 年水準的 50%以下，並在 2050 年達到「碳中和」的目標。

於是參與此次視訊會議的 40 多國領袖，唯恐落於人後，紛紛喊出碳排減量時間表，至少以 2050 年為「碳中和」的目標。蔡英文總統也在臉書發文，表示「已開始評估並規劃台灣在 2050 年達到「淨零碳排」目標的可能路徑」。

平心而論，訂這種長達 30 年的遠程目標，並無實質上的意義，也許下一任總統/領導人就不玩了，至少應喊出「3～5 年為一期」的減碳目標，讓民眾真正有感。※美國總統川普於 2019 年，認為「氣候變遷」是"人為騙局"，以「美國優先」為由，宣佈退出「巴黎協定」。

關於減少碳排放議題，由「京都協議書」開始的(1)溫室效應(Greenhouse Effect)，歷經(2)地球暖化(Global Warming)、(3)極端氣候(Extreme Weather)、(4)氣候變遷(Climate Change)及(5)氣候危機(Climate Crisis)等"文字接龍"，而對應的主題也由「減碳排」(Reduce Carbon Emission)、「碳中和」(Carbon Neutral)、「碳補償」(Carbon Offsetting)及「淨零碳排」(Net Zero(Carbon) Emissions)、「碳足跡」(Carbon Footprint)，甚至還有「負碳排」(Carbon Negative)等主題，而引伸出「零碳建築」(ZCB，Zero Carbon Building)。

零碳建築(ZCB，Zero Carbon Building)或零碳社區(ZEB，Zero Carbon Community)是學者專家為破壞污染地球的貪婪人類，所訂之欲蓋彌彰的花招，以一般人的(常識邏輯+膝蓋思考)來看，若不計成本，特別蓋一間**"零碳建築"**樣品屋，或許有可能，但是，現實生活上，**"零碳建築"**也不可能存在，充其量只是轉嫁排碳及耗能而已；全球目前尚未訂定統一的**"零碳建築"**規範，綜合網路上的資訊，**"零碳建築"**的定義可整合為 4 項：

(1)建築物(或社區)所需能源，由基地內(on-site)的再生
能源所提供。

(2)基地內所產生的再生能源，足以完全抵銷由公共電
網所取得的電量。

(3)建築物的用電量，百分百使用基地外(off-site)的再
生能源供應系統。

(4)碳補償(Carbon Offset)方式，花錢買碳權來補償/中和
建築物的碳排放量。

前三項，至少在目前是"阿婆生子---很拼咧"，所以，"
零碳建築"多採用"最好混"的第四項「碳補償」方式，此方
式是為減輕人類排放 CO_2 汙染地球的罪惡感，所玩弄的定
義遊戲，因而衍生出"碳補償"、"碳中和"及"碳足跡認證"的
商機熱潮。

以"Cheat Neutral"，可在網路上搜尋到一段於 2007 年
推出的 10 餘分鐘的影片，依其內容，中文可譯為"劈腿中
和"，是在諷刺「碳中和/碳補償」政策的不合理，當時還成
為英國國會議員質詢「碳中和/碳補償」的議題，和歐美媒
體爭相採訪的焦點。

影片內容大致是說 2 個英國年輕人，成立了一個"劈腿
中和公司"，專門替因劈腿而有感罪惡的人服務，當一個人
有劈腿時，會產生心碎、痛苦及嫉妒的(負面)情緒而污染空
氣，只要付一點小錢(2.5 英鎊)，交由他的公司，轉給沒有
劈腿的第三人，以補償他保持忠貞的付出，就能抵銷掉自

己劈腿的罪惡，也不會"污染空氣"。

反對"碳中和、碳補償"政策的人很多，因為"只要老子有錢，就可以排碳"，然後，再透過"碳補償"仲介公司向落後國家買碳權、植樹造林，來彌補自己大量排碳的罪過，合理嗎？*劈腿之人只要付錢補償，就可以搞小三、小王了？*

這種"劈腿中和"行動，可抵銷劈腿者的痛苦等負面情緒，而避免愧疚。"劈腿中和"網站的版主說：「如果" 劈腿中和"是一則笑話，那麼，"碳中和/碳補償"付錢來取得排碳的權利，也是一則笑話；"劈腿中和"與"碳中和"可歸納出下列五項對照點：

(1)加入"劈腿中和"服務，可能鼓舞你去"劈腿 "；"碳補償"則可能說服企業去排放更多的碳。

(2)"劈腿中和"企圖使"劈腿者"的行為合理化；"碳補償"則企圖使企業過多的排碳行為合法化。

(3)"劈腿中和"不可能計算出"劈腿者"有多大的傷害；" 碳補償"則無法量測出"碳補償"可節省多少的碳排量。

(4)"劈腿中和"無法真正減少世上"劈腿者"的行為；"碳補償"則無法真正減少全球的碳排放量。

(5)"劈腿中和"解決不了"劈腿"所產生的問題；"碳補償"則是一種錯誤的"碳排放"對策。

然而，"劈腿中和"版主，至少承認"劈腿中和"只是在PUB 夜店聊天時，突發奇想的一則笑話，而"碳補償"卻是全球各國政府的學者專家，經過深思熟慮而對嚴肅的"氣候變遷"議題所制定的全球性對策，這才是真正的諷刺性笑談。

　　溫室效應是指地球的大氣層因吸收太陽的輻射能量，而使地球表面溫度上升的效應，大氣層就像植物栽培用的溫室玻璃建築外殼一樣，保存了一定的太陽能量，使得地球不會像沒有大氣層的月球一樣，沒有太陽照射時，溫度急劇下降，而面對太陽照射時，則溫度劇升。

　　地球因為有大氣層的自然溫室效應，使得地球表面平均溫度維持在 15℃ 左右，如果沒有大氣層，則地球表面平均溫度將降至-18℃。20 世紀中期以來，進入工業化時代，人類的活動導致增加大量的溫室效應氣體，使得地球表面溫度逐漸上升。

　　溫室(效應)氣體主要為二氧化碳(CO_2)和甲烷(CH_4)，依行政院環境保護署 2020 年 11 月 12 日公告的「溫室效應氣體排放統計」，如圖 4-3 所示，2017 年台灣所排放的溫室氣體中，二氧化碳占 95.36%，甲烷占 1.85%(※主要來自人類及動物之排泄物所產生的沼氣)及其他 5 種微量的氣體 (2.79%)，而此些溫室氣體，主要來自能源燃料燃燒(90.22%)和工業製程(5.09%)，也就是石化燃料(煤及石油等)燃燒所產生的二氧化碳排放量，是地球溫室效應/氣候變遷惡化的元兇。

圖 4-3. 2017 年各類溫室氣體排放占比

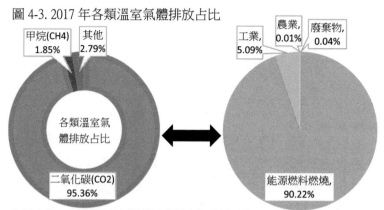

資料來源：行政院環境保護署「溫室氣體排放統計」(2020/11/12)

　　既然如此，限制能源燃料/用電，例如，可以**契約容量 (kW)**來管制企業的尖峰用電量，才能真正有效的抑制地球日益惡化的溫室效應。如果「碳中和/碳補償」有用的話，那麼不就能達到「氣候中和」(Climate Neutral)的理想境界？地球表面不再有南北極、寒帶、熱帶、亞熱帶之分，而成為 15°C 的恆溫環境了？

　　碳排放(Carbon Emission)分為直接排放和間接排放；飛機飛行的燃料消耗所產生的二氧化碳即是直接排放，而飛機的製造、維護保養等相關設備所需的電能，即是間接排放，或者，電力公司使用石化燃料所產生的廢氣排放，即是直接排放，而辦公室、廠房所使用的需求則是間接排放。

　　對於企業或工廠而言，「碳中和」是一種"碳排放"與"碳固定"(Carbon Fixation)相互抵銷的機制，使用再生能源(綠能)可減少碳排放量，種植樹木則可**固碳(吸收二氧化碳)**，兩者相互抵銷時，即是所謂的「淨零碳排」。科學家警告：

「如果地球溫升超過工業革命前 1.5℃，地球很可能在 2100年時，就不適合人類居住，而要阻止地球溫升 1.5℃，就是在 2050 年以前，將全球的碳排量降至 2005 年時的水平。

「樹木可以固碳」是基於*樹木在白天會吸收 CO_2 進行*"光合作用"的概念；專家為何不談「*樹木在晚上也會吐出 CO_2，進行*"氧氣作用"」？這一吸一吐之間的 CO_2 怎麼算？

隨著時代的進步，生活所需的電能愈來愈多，因而導致太陽能、風能等再生能源(※綠能)的開發及應用，然而，僧多粥少，遠水救不了近火*(※南美洲的熱帶雨林中和不了台灣的碳排放)*，因此，人類才提出**碳中和、淨零碳排、碳補償**及**碳足跡**等一連串"欲蓋彌彰"的策略，來掩飾人類大量排放二氧化碳的罪行，顯然，地球正在加速暖化 ing。

減碳的最高準則：「不用則零排，要用則減半」，因此，唯有降低生活水平，或者減少地球人口，才是減少碳排放的真正對策，**碳中和**或者**碳補償**，充其量只是在玩弄統計操控的數字遊戲而已。

筆者有幸參與數場「綠建築」之種樹"碳中和"的現場查核工作，由於業主植樹時間與委員審核時間相隔半年以上，業主沒有盡到澆水、維護之責，等到現場查核時，經常發現高達約 25%～30%的樹木已枯死，更遑論這些新栽樹木，要等 3 年、5 年後，才能真正達到有效之光合作用的固碳效益，所以，如果說「碳中和/碳補償」是合法化的"詐欺行為"，亦不為過。

「碳補償」已成為全球性"合法詐欺"的交易行為，就是透過碳權交易方式,付錢給其他(落後)國家,或者有能力生產「再生能源」電能的國家,以換取該國(該企業)的二氧化碳排放權,即可在自己日漸增加碳排量的情況下,仍然可達到減排目標。但是,此作法並未真正減少二氧化碳總排放量,反而使有錢的企業/國家,肆無忌憚增加碳排放量。

「碳中和/淨零碳排」除了是各大工業國相互較勁的主題外,也是全球科技業龍頭相互比較的焦點,2020 年 9 月 Google 率先公佈,早在 2007 年就達到「碳中和」目標,並預計在 2030 年使該公司的數據中心(Data Center)及辦公室,均達到「零碳能源」的水準;而 Microsoft 也宣佈要在 2030 年達到「負碳排」(Carbon Negative)的目標;Amazon 也跟進宣佈要在 2040 年達到「碳中和」目標。

2021 年 4 月 Facebook 宣佈已透過購買"可再生能源"達到「淨零碳排」的目標,預估在 2030 年可達到全供應鏈「淨零碳排」的目標;Apple 公司宣布要在 2030 年,包括所有產品生命週期、供應鏈,均達到「碳中和」目標,並編列 2 億美元的「固碳造林基金」,來種樹固碳;顯然,「碳中和/淨零碳排」已成為高科技業的"時尚標誌"。

不過這些表態的內容,均是基於「劈腿中和」的邏輯理論來達到數字遊戲的目標,實際上,到底用了多少綠能電?真正減了多少碳排量?無人知曉。

想解決「極端氣候/氣候變遷」之地球危機,應從"節約用電、減少浪費"做起,可惜,為了生活的舒適,用電量持續增加,例如,蘇貞昌院長的國中小學「**班班有冷氣政策**」,要在 2022 年 2 月前,全台中小學約 10.3 萬間教室全裝妥冷氣(2 台/間，耗電 2.5kW/台)，瞬間電力需量高達 51.5 萬 kW(即 515MW)，不知到時候教室冷氣全開時，會不會跳電？台電說不會！"浪費、奢侈"已成為減碳的大漏洞，*唯有關掉冷氣，或者"用量減半"，才是真正的減碳愛地球*，而非玩數字遊戲，來達到**碳中和**的目標。※*用量減半：單、雙日，單、雙號汽車輪流開，但有錢人會有單、雙號兩輛車。*

　　或許，貧窮落後國家的生活方式，才是真正的「減碳愛地球」吧？富裕的已開發國家，不應吃貧窮國家的豆腐，憑著"老子有錢、購買碳權"的作風，來自詡自己已達到「碳中和/淨零碳排」的目標。

　　食物、物品均有所謂的碳足跡，例如，食物從種植/養殖開始，整理、運輸、儲存、銷售等過程中，均需耗能而造成"碳排放"，如果人類生活水平不降低，世界人口不減少，再多的「碳補償」也抵銷不了「碳排放」，即使使用太陽能、風能及地熱等再生能源的電能，這些再生能源之電廠設備的製造、維護、輸送等，也會產生大量的"碳排放"。

　　因此，「碳中和/碳補償」是人類自訂的"零和遊戲"，與其認同「碳中和」的成果，不如相信「劈腿中和」的功能，「碳中和/碳補償」如果真正可行的話，那麼，危險駕駛者可付費給其他的安全駕駛者，不就可以降低肇事率？被死當的大學生只要付錢給資優生，不就可以及格、畢業了嗎？

　　太陽能及風力發電不是不好，而是發電量少，製造、維修、運輸及善後的成本高，發電量的"不確定性/不穩定性"更是大問題。因為太陽能及風力發電已成為一大新興產業，「綠能」魅力無法擋，業者對於「綠能」的缺點多避重就輕,政府公告的太陽能及風力發電數據多是設備的"裝置容量",而非真正的"可供電容量",這些設備的使用壽命約 20 年,善後的「碳排放」足跡,多未在「碳中和」考量之內。

　　台灣的**綠建築**自 1999 年迄今已玩了 22 年,依內政部建研所 2021.4.26 的公告,**綠建築**平均每年可節電 20%(21.38 億度≒2020 年風力總發電量 22.9 億度)、節水 30%(1.04 億噸水≒半座石門水庫),為何用電仍逐年上升?枯水期就限水?當然長官可以硬拗是*極端氣候氣溫高、新冠肺炎勤洗手"*惹的禍。※節電才能真減碳,不要自欺欺人吧!

　　科技進步和生活水準提高是時代潮流,「碳中和/碳補償」無法真正解決碳排放問題,如果人類不自行設限,而繼續玩"碳中和/碳補償"等文字遊戲的話,看來,「氣候危機」(Climate Crisis)已是一條無法回頭的不歸路了,不知現實版的「明天過後」(The Day After Tomorrow)何時演?

4-4. 「2025 再生能源發電占比 20%」要跳票了？！

2021 年 5 月中旬，4 天之內台電公司無預警的 2 次大跳電，第一次跳電時的瞬間負載為 3,670 萬瓩(※備載容量還有 10%以上)，第二次跳電時的瞬間負載為 3,487.2 萬瓩，均低於去年的尖峰瞬間負載 3,802.0 萬瓩。

台電公司的跳電理由是「匯流排故障、人為誤觸開關、發電機組跳機、*綠能供電不足*、天氣太熱…」，但是，備轉容量機組為什麼沒有及時併網發電救援？如果不是"電力不足"的問題，顯然是"電力調度"出了問題。台電的跳電理由之一是"綠能(水力、太陽能)供電不足"，因而提前引爆「**2025 再生能源發電占比 20%**」是否要跳票的疑慮。

蔡總統的「2025 非核家園」有明確的「532」目標，依經濟部的公佈資料，預計在 2025 年時，太陽光電"裝置容量"為 20GW(=20,000MW)，離岸風力發電"裝置容量"為 5.7GW(=5,700MW)，這些"的明確目標，能達標嗎？還是又要如李遠哲博士所說：「(選舉)政見並不一定要兌現」？

台電的官方資料中，對於**發電量**和**裝置容量**，常使用不同單位，極易混淆誤解。**發電量**是指(累計)發電度數(kWh)，常用單位有*千度(=1,000 度)*、*百萬度(=1,000,000 度=1M 度)*及*億度(=100 百萬度)*；**裝置容量**是指發電機組的(額定)功率，基本單位為瓦特(W)，常用單位有*瓩(kW)*、*千瓩(=1,000 瓩)*、*萬瓩(=10 千瓩)*、*MW(=1 千瓩)*、*GW(=1,000 千瓩)*，而 1GW=1,000MW=1 百萬瓩。(1M=10^6，1G=10^9)。

在經濟部臉書(facebook.com)2015/12/18公佈的「**電力小知識：容量因數**」，「…**核電：燃氣：風力：太陽能的容量因數分別為90%：65%：28%：14%**」，也就是，*核能機組*可以24小時穩定供電，扣除歲修時間，平均的**容量因數**可達90%以上；*火力發電*機組雖然也可24小時發電，但考量燃氣與媒油成本較高，不會長時間連續運轉，因此平均容量因素為65%；至於風力及太陽能，雖是優先發電，但能否發電要看天候而定，無風或無陽光時無法發電，故*風能及太陽能*的**容量因數**分別為*28%*及*14%*，這表示太陽能光電的裝置容量，要為風力發電的2倍，才會有跟風力發電有一樣的發電量。**※容量因數(%)=全年發電量(度)÷裝置容量(瓩*365*24)×100%。**

經濟部於2019年3月4日在立法院經濟委員會報告時，表示在未來7年(至2025年)，**每年的用電量成長率為1.86%**。由經濟部能源局網站可查得，2020年的**總發電量**為279,793百萬度，依1.86%的成長率計算，到5年後的2025年時，發電量將達306,800百萬度。「**2025再生能源發電占比20%**」，表示*在2025年時，再生能源的發電量應為61,360百萬度(=306,800×20%)*。

表1是2025年政府的再生能源目標，由項次(8)可知，2025年政府的再生能源的(預估)發電量目標為61,800百萬度，剛好滿足上述2025年目標的61,360百萬度，***容許餘裕***僅0.72%，稍一閃失，2025年的發電量目標就會跳票了！

表1. 2025年政府的再生能源目標　　　　　　(單位：(A)百萬度)

項次	再生能源項目	(A)發電量	(B)裝置容量	(C)容量因數
(1)	慣常水力	6,600	2,150 MW	35.04%
(2)	地熱	1,300	200 MW	74.20%
(3)	生質能	4,300	813 MW	60.38%
(4)	燃料電池	500	60 MW	95.13%
小計		12,700	3,223 MW	44.98%
(5)	太陽光電	25,600	20,000 MW	14.61%
(6)	陸域風力	2,800	1,200 MW	26.64%
(7)	離岸風力	20,700	5,738 MW	41.18%
(8)	(1)～(7)總計	61,800	30,161 MW	23.39%

註：(C)容量因數=A÷(B÷1,000×8,760)×100%，作者推算。
資料來源：台電永續發展專區/穩定供電/再生能源發展
　　　　　(https://csr.taipower.com.tw/tc/servant05.aspx)

　　要實現「2025非核家園」目標很簡單，等到2025年1月1日(或12月31日？)時，停止核能電廠運轉，就達到「非核家園」目標了(※蔡總統沒有承諾"不限電、不跳電")；要達到2025年的**"裝置容量"**目標也不難，因為只要"裝了就算數"，能否供電，是另外一回事，而**"燃氣發電占比50%，再生能源發電占比20%"**，是硬碰硬，空有足夠的裝置容量(MW)，如果發不了電(kWh)，或者，發了電卻送不出去，就不算數。

　　由表1的數據來看，「**2025再生能源發電占比20%**」的目標，老實說，跳票的機率並不低；因為經濟部能源局網站公告之2020年太陽能與風能的**"實際容量因數"**分別為11.94%及30.61%(表2)，而表1(預估)項次(5)太陽光電的容量因數為14.61%及項次(7)離岸風力的容量因數為41.18%，似乎太樂觀了！

表 2. 2020 年再生能源的發電量與裝置容量　　(單位：(A)百萬度)

項次	再生能源項目	(A)發電量	(B)裝置容量	(C)容量因數
(1)	慣常水力	3,021.7	2,093.4 MW	16.48%
(2)	地熱	1.9	0.3 MW	72.30%
(3)	生質能	158.7	77.9 MW	23.26%
(4)	廢氣物	3,562.4	631.9 MW	64.36%
小計		6,744.7	2,803.5 MW	27.46%
(5)	太陽能	6,085.8	5,817.2 MW	11.94%
(6)	風能	2,289.3	853.7 MW	30.61%
(7)	(1)～(6)總計	15,119.8	9,474.4 MW	18.22%

資料來源：經濟部能源局/能源統計資料查詢系統(作者製表)

表 2 是 2020 年台電再生能源之發電量及裝置容量，其中的慣常水力、地熱、生質能及廢棄物等 4 項再生能源的發電量僅 6,744.7 百萬度，由於環境、民意等問題一大堆，是否可如表 1，在 2025 年增加到 12,700 百萬度，並不樂觀。所以，除非蔡政府有超前部署的秘密再生能源，否則「2025 再生能源發電占比 20%」的承諾，可能真的要跳票了。

基於以上分析，等到 2023 年年底的總統大選競賽開跑時，「2025 再生能源發電占比 20%政見，跳票了！」將可能成為國民黨撿到的大砲！不知民進黨是否挺得住？還是要下台一鞠躬？至於「2025 年燃氣發電配比 50%」，達不達得到目標，並無所謂，因為跳票時尚可牽拖「大潭藻礁」公投案，大可慢慢拖，反而可以怪罪國民黨。

其實，談"發電占比 20%"，尚有玄機，是指毛發電量(kWh)、淨發電量(kWh)、供電量(kWh)、冬季瞬間最大負載(kW)？夏天瞬間最大負載(kW)？還"有得喬、可以拗"，您說「2025 再生能源發電占比 20%」跳不跳票？

　　"柿子挑軟得吃、數據挑好的報"，德國曾號稱「發電100%用再生能源」，是怎麼做到的？

　　2018年1月9日，自由時報新聞網曾有一則報導，標題是「**能源轉型里程碑！德國元旦發電100%用再生能源**」，不明就裡的人會誤以為德國已進入 100%再生能源供電的時代。實際狀況是1月1日清晨的6點鐘時，德國全國的瞬間電力需量僅 41GW(41,000MW)，遠小於一般瞬間電力需量(約 70GW)，因而號稱"100%再生能源供電"。事實上，當時仍有 17GW(17,000MW)的核電、火力電等傳統電廠在運轉供電中，而 2018年的再生能源發電占比為 40.6%。

　　間歇性發電的太陽能及風能是屬於難以掌控的再生能源，除非「儲電系統」與「輸配電系統」跟得上腳步，否則在"**低電力負載需量、高再生能源發電**"的時段，就會出現"負電價"狀態，此是德國目前的窘境，迫不得已還要付錢給丹麥、波蘭等鄰國，幫忙消耗多餘的再生能源電力，多到不像話時，還會發生"棄風電"的浪費現象。

"負電價"，顧名思義是使用電力能源，還可以向電力公司收費，"收錢用電"不就是"天上掉下來的禮物"嗎？其實，一般家庭無緣享受"負電價"的免費電力，除非有朝一日，家家戶戶均改用智慧型電錶，而且您願意"在冬天蓋棉被吹冷氣並開大燈睡覺"！

通常，電力系統是由(1)**發電**、(2)**輸變電**、(3)**併網監控**及(4)**配電**四大系統所組成(※再生能源尚需要(5)**儲電系統**)；**併網監控系統**是維持電網穩定供電的重要關鍵，有些跳電是併網監控系統的問題，無法使用備轉機組及時供電救援；等到"靠天吃飯"之不可預測的太陽能及風能等再生能源發電量達到某一程度時，就可能開始出現「*鴨子曲線*」(※請上網搜尋)效應及「電力網塞車」的現象(※如同高速公路連續假日的大塞車一樣)，這也是德國目前仍無法克服的障礙。

德國目前一方面要向法國及瑞士等國進口核電(※以鄰為壑)，另一方面，在冬季時，因(陸域)風力電場的發電量已"氾濫成災"(※請上網搜尋「*北德風力發電氾濫成災*」)，又要(付費)出口再生能源電力給丹麥、波蘭及荷蘭等國，請他們停用自己的風力機組，而使用德國的風力電能，"風機轉得快、給錢請用電，你說奇怪不奇怪"？

台灣在追求增加"再生能源"目標時，可曾想過逐年上

升的用電量中，有多少是用來生產「再生能源設備」？某
離岸風機廠商的製造工廠，使用 1,500RT(冷凍噸)冰水機，
每日用電量約 12,000 度，年用量約 300 萬度，相當於年排
碳量 153 萬公斤(0.509kg/度)，更遑論風力發電附屬設備之
製造、運輸所浪費的能源與增加的碳排量，這種為製造再
生能源設備而浪費的大量化石燃料電力，划算嗎？再生能
源雖是全球的共同目標，只是這種"再生能源減碳排"的邏
輯，太深奧了！

依「德國在台協會」網站(https://taipei.diplo.de/tw-zh-
tw/themen/-/2294796)的資料顯示，2019 年底，德國**再生能源
裝置容量為 125,240MW**，占總發電裝置容量(209,900MW)的
60%，而再生能源發電量(億度)占比是 46.1%；2030 年的再
生能源裝置目標是 200,000MW，而發電量占比目標是 65%，
2050 年的發電量占比目標是 80%。

德國的再生能源以"陸域風力"為主，多裝設在德國北
部的廣大丘陵、平原，甚至砍伐森林來開發陸域風力電場，
而引起環保團體抗議，汽車、石化廠等用電大戶多在德國
南部，因為**儲電系統**不足，而無法儲存再生能源於離峰時
段所產生的電力，加上環保問題，"北電南送"的**配電系統**
無法順利架設。

因此，已有德國專家認為：「德國耗費龐大的金錢來發
展再生能源，卻未能確保電力供應無虞(※北電南送)，也無
法有效降低實際的"碳排放量"，再開發風力電場是"弊多於

利，本末倒置"」。

據某位在高雄工廠的屋頂，花了 50 萬元裝設 4.8kW 太陽能光電板的業主表示，3 天清洗一次和 30 天清洗一次的發電量差了 30%，每 2 個月賣給台電的電量，在 800～1,100 度之間(約 6.1 元/度，亦即每 2 個月(抄表一次)賣電收入約 5,500 元)。但是，找人洗光電板的工資(500 元/次)及水費，可能比賣電收入還多。

如今過了 3 年多，已不再清洗光電板(※爬屋頂洗光電板很危險)，也不在乎賣多少電，好歹可當(高級)遮陽板用，這大概是小型太陽能光電安裝戶的共同心聲，只是"一時衝動"，在太陽能光電業者的慫恿之下，配合政府政策玩遊戲而已。

*"靠天吃飯"的太陽能和(離岸)風能的發電效率差，宛如"竹籃打水"，得不償失；得到的綠電，少於為了得到綠電而花費的**總碳排**，就如同為了回收便當紙盒，而用自來水沖洗一樣，水費及碳排足跡高於便當紙盒的回收價值。*

台灣師法德國，在大力推廣(離岸)風力發電，以及"佔漁塭、搶農地"來發展太陽能光電時，是否應停下腳步，想想這種做法何異於德國"砍森林、建風機"？並看看再生能源的儲電系統與併網監控系統的開發進度，是否跟得上？不要只看德國"再生能源的漂亮數據"，而忘了記取德國"風力氾濫成災"的教訓。※節電才能真減碳，關掉冷氣救地球！

4-5. 學術謊言：凡寫過，必留下筆跡

學術界的謊言時有所聞，包含統計操控、偽造數據和抄襲等違反學術倫理的事件，通常，只要與他人無利害衝突，多半不會被舉發，2020 年 7 月高雄市長補選候選人李眉蓁，被檢舉碩士論文抄襲造假，即是一例。

依教育部資料顯示，在 2016 年至 2020 年 6 月之間，因被檢舉抄襲，經確認而被撤銷學位的共有 17 案，僅管教育部訂有許多的審核機制條款，但是防不勝防，求職時有碩士學歷的市場需求，就會有幫忙寫論文的行業存在，隨手上網搜尋，就會找到"幫忙寫論文"之類的廣告。

通常除非是經人具名檢舉，或者等事情鬧大後，學校才會處理，涉及抄襲造假的學生固然有錯，但是指導教授必然知道，但是為了學生來源，只能縱容(※學生找指導教授時，也會打聽哪些教授較好過關)，教育部若有心遏止論文抄襲，最有效的辦法是：「規定指導教授與學生同罪」，當然這種規定，沒有學校敢同意，因為必然引起教授們的抗議。

博士論文或許較為嚴謹，但是，自從廣設大學之後，一大堆"賣學歷"的在職專班、產碩班，儘管教育部一再放寬"論文抄襲"的認定標準，碩士論文仍然可能有"抄襲造假"之嫌。此外，更荒謬的是，有些學校同意學生在繳交碩博士論文時，可勾選"永不公開"的選項，這不是很矛盾嗎？發表論文不是對學術界有貢獻、很光榮嗎？除非做賊心虛，

不敢公開,這是超簡單的常識邏輯。"凡寫過,必留下筆跡",李眉蓁為選市長而丟了碩士學位,算她倒楣,如果不出來選市長就沒有事,而教育部在事後也訂下"李眉蓁條款"。

國內學術論文風波鬧得最大的,應該是 2020 年總統競選期間,蔡英文之博士論文的真假爭議,即使在 2019/9/23 總統府記者會,提供了 36 頁的證明文件,回答了包含"3 年(1980/10～1983/10)快速取得博士學位"等六大問題,但是,此羅生門依舊撲朔迷離,仍然是"信者恆信、不信者恆不信"。不管真相如何,至少在蔡總統退位之前,懷疑論者不可能得到想要的答案,而在 2024 年之後,也沒有人會在意論文的真假了。

另外二件有知名度之涉嫌違反學術倫理的官司,是(1)最短命(40 天)教育部長吳茂昆,涉嫌侵占東華大學專利權及獎助學金案,最後承辦的士林地檢署予以不起訴處分,和(2)前中研院院長翁啟惠,涉嫌貪污罪的浩鼎案,一審獲判無罪,雖然可上訴,但是承辦的士林地檢署決定不上訴,全案無罪定讞。此兩案的共通點是"位居學術高層而涉嫌巨額利益",雖然二人均全身而退,但是,"不信者恆不信"。不過,如果真的無罪,兩人分別丟了教育部長及中研院院長,應可依法申請國家賠償。

尤其是翁啟惠的浩鼎案,雖然曾遭法院、公懲會及監察院(二次)彈劾,認定他有"財產申報不實"等情事,但在 2020 年換了另一批監委之後,2021 年 3 月 10 日,在監察院首創"一案三查"先例的「第三版調查報告」中，卻大逆轉，改認定「翁啟惠無財產申報不實，亦無違反公職人員利益衝突迴避法」，翁啟惠可依此變更的處分內容，再向公懲會(懲戒法院)提再審之訴，而懲戒法院也可能改判。因此，翁啟惠除可獲得國家賠償外，尚可回鍋當中研院院長。※以翁啟惠的身價及地位而言，此國賠金額應會創下"天價"，希望他能只要求"象徵性賠償 1 元"，否則此金額，不應由全民買單，應由監察委員自行負擔。

違反學術倫理事件，在韓國也不遑多讓，2020 年 11 月，韓國的人氣歌手洪真英，被爆出其碩士/博士論文均是抄襲，爆料者說：「碩士論文抄襲率高達 99%」，最後她只好道歉，被撤銷碩士和博士學位；更大條的是，2005 年初登上全球新聞版面的韓國"幹細胞之父"的學術論文造假事件，當時為首爾大學的教授黃禹錫，被稱為「民族英雄科學家」，政府為他訂定了「生物科技道德法」，成立「世界幹細胞中心」，每年提供 2,500 萬美元，作為他的研究團隊經費，被期待可為韓國獲得第一座諾貝爾獎的科學家。

然而，在 2005 年 11 月時，被同團隊的研究員爆料，其公開發表的論文成果，有多項數據造假，最後導致「民族英雄科學家」的神話破滅，經調查之後，發現不僅多項研究數據偽造，還涉及侵佔公用的研究費，因而被起訴，犯了詐欺罪、侵佔財產罪、違反生命倫理法等多項罪名，於 2009 年 10 月經首爾法院判刑 2 年，緩刑 3 年，直到 2014 年 2 月，韓國法院才對詐欺罪和挪用公款等罪名，判處 18

個月徒刑，緩刑 2 年。

當初爆料的柳姓研究員在事發後，面對多方指責，被迫辭職，而最早揭發真相之韓國 MBC 電視台的時事節目，當時每天收到上千封的抗議信，更一度道歉停播，足見當時韓國人民的憤怒與絕望程度。

涉及學術謊言/學術倫理的學者，最怕的並非競爭對手的質疑，而是自己團隊的內部舉發，所以，學者教授給予幫忙寫論文之學生的助理費要大方一點，因為教授的"統計操控"手法，研究助理都一清二楚。"凡是走過，必留足跡，凡是寫過，必留下筆跡"，因此，曾違反學術倫理的學者，最好不要動念出來選總統、市長等高官，否則被"吹哨者"爆料，反而"偷雞不著蝕把米"。

學術謊言的認定，並非如"打牌九"的賭博一樣，一翻兩瞪眼，只要不是最笨的大篇幅抄襲，多還得經"抄襲認定委員會"的冗長討論認定，於是「有關係就沒關係，沒關係就有關係」，即使是全文照抄也沒有關係。

2020 年 9 月的「台鐵資料」季刊，一篇「淺談鐵道旅館由委外經營轉為自營品牌可行性研析」，被爆出抄襲風波，全篇 41 頁幾乎是一字不改，全文抄自台鐵 2017 年花 350 萬元招標委託的技術服務採購案，「台灣鐵路管理局鐵道旅館由委外經營轉為自營品牌可行性研析」，文中未註明出處而引發抄襲爭議，政風室調查結果大意是：「台鐵發包給顧問公司的評估報告，是屬於台鐵的智慧財產，投稿者疏忽未註明出處，而投稿者已表示不領稿費，故沒有抄襲的問題」，最後僅以口頭告誡結案。

　　人一旦經不起名、利與色的誘惑時，則可能犯法，"時運不佳"時，才會爆發醜聞。其實，會去仔細研讀評估報告或論文的人並不多，只要其內容不"膨風招搖"，沒有人會去在意造假與否 。"抄襲、造假"之所以曝光，不外乎同事(升等)的內鬥、廉價勞工(研究生)的黑函，或是競爭對手的爆料，想當學者型專家者，宜謹慎為之。

Chapter 5

涼感衣/發熱衣：馬扁一家親！

第五篇 涼感衣/發熱衣：馬扁一家親！

由全省各地的衛生局網站之公開資料，全台每年遭裁決開罰的違規食品、藥物、化妝品廣告，總計高達 7,000 件以上，光是台北市衛生局 2020 年 2 月公開之 2019 年的食品、藥物及化妝品的違規廣告，共開罰 1,238 件(※新北市 864 件)，若再加上健康器材等一般商品的違規廣告，全台每年之違規廣告高達 1 萬件以上。

這些涉及誇大不實的商業謊言，讓民眾信以為真，包含許多常見的知名品牌廣告，不斷地出現在電視、網路、電台、雜誌及報紙上，違規廣告罰不勝罰，足見商業謊言的普遍性(※即使被罰款，廣告還是照播不撤)，若欲知是否為違規商品，可上食品藥物管理署的以下網站查詢：
  (1)「違規食品、藥物、化妝品廣告民眾查詢系統」
     (https://pmds.fda.gov.tw/illegalad/Default.aspx)
  (2)「食藥膨風廣告專區」
     (https://www.fda.gov.tw/TC/news.aspx?cid=5085)

涼感衣/發熱衣不同於上述之所有違規廣告商品，因為兩者的涼爽/發熱功能效率，是業者協會自訂的標準，並沒有 CNS 國家標準，所以這兩者產品的違規事項多是"標示不明"，僅違反"商品標示法"，而被要求"限期改善"而已。

事實上，依國中程度的「能量守恆定律」，加上常識邏輯思考，市售的涼感衣/發熱衣，均無實質的功能，而是在玩自訂的統計數據遊戲。

5-1. 涼感衣的合格標準

　　到目前為止，國內雖然沒有涼感衣/發熱衣的國家標準(CNS)，但參考資料有「機能性暨產業用紡織品認證與驗證評議委員會」(※名稱落落長，以下簡稱為機能ＯＯ會)，所訂定的「織物瞬間涼感驗證規範」、「紡織品熱效應驗證規範」及「遠紅外線紡織品驗證規範」等。

　　依「織物瞬間涼感驗證規範」的敘述，試驗方法是在一恆溫恆濕箱內,將布料樣本 $20 \times 20 cm^2$(實測面積 $5 \times 5 cm^2$)，平整置於一塊 25℃冷板上(布樣貼身側朝上)，上面再放置一塊 35℃熱板，然後計算熱流量(W/cm^2)，測試方式如圖 5-1 所示。涼感衣的合格標準是：「織物瞬間涼感熱流量(Q-max)$\geq 0.140 W/cm^2$」。

圖 5-1. 涼感熱流量之試驗示意圖

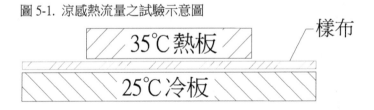

　　首先，來了解涼感熱流量(W/cm^2)，到底是啥東東？

　　熱傳遞學(Heat Transfer)，是大學機械系的必修科目，書中開宗明義的敘述：當兩種物質有溫度差存在時，熱量由溫度較高的物質傳遞到溫度較低的物質；熱的傳遞方式分為三種：

(a)**傳導**(Conduction)：屬於固體物質的熱量傳遞，例如由金屬棒的左端加熱，熱量傳至右端即是。

(b)**對流**(Convection)：屬於水、空氣等流體物質的熱量傳遞，例如吹電風扇或泡 SPA 池之熱傳即是。

(c)**輻射**(Radiation)：屬於磁能輻射熱，不需依賴介值來傳送。談到輻射熱，直覺反應會想到太陽輻射熱，事實上，任何物質只要溫度高於絕對零度(-273.12℃)，即會發出輻射熱，然而，當溫差小時，輻射熱量極微，多忽略不計。

依圖 5-1 來看，瞬間涼感熱流量試驗，屬於傳導方式。傳導熱流率是依據傅利葉傳導定律(Fourier's Law of Conduction)計算，

$Q=A(k/x)(t_1-t_2)$……(公式 5.1)

Q：熱傳導流量率(W，瓦特)

k：熱傳導係數(Thermal Conductivity，W/cm℃)

A：接觸面積(cm^2，平方公分)

t_1、t_2：固體物質的兩面溫度(℃)

x：固體物質的厚度(cm，公分)

那涼感衣的瞬間涼感熱流量(Q-max)之單位(W/cm^2)，怎麼訂的？將公式 5.1 改寫成：

$Q/A=(k/x)(t_1-t_2)$……(公式 5.2)

Q-max 即是 Q/A，表示單位面積所通過的熱流量率

(W/cm^2)。涼感衣定義為 Q-max(W/cm^2)$\geq$0.140，依此，可反推涼感衣布料的 k 值：

已知，t_1＝35℃(熱板)，t_2=25℃(冷板)，x=0.05cm(≒衣料厚度)。所以，Q/A(W/cm^2)= k[(35-25)/0.05)=200k，亦即，k=0.005Q/A $\geq$ 0.005(0.14)=0.0007，故，涼感衣 k 值 $\geq$ 0.0007W/cm℃

k 值是決定物質導熱性高低的依據，k 值高，表示傳熱性佳；反之，k 值低，表示保溫性佳。為了解涼感衣 k 值的數據感，將常見物質的 k 值列表如下：

表 5-1. 常見物質 k 值(W/cm^2℃)

項次	材質	k 值	項次	材質	k 值
1	純鋼	4.0100	7	涼感衣	0.000700
2	純鋁	2.3600	8	棉纖維	0.000581
3	純鐵	0.8300	9	亞麻纖維	0.000465
4	大理石	0.0270	10	蠶絲纖維	0.000465
5	人皮膚	0.0037	11	羊毛纖維	0.000349
6	木材	0.0016	12	靜止空氣	0.000247

註：工業用保暖材料之 k 值多 $\leq$ 0.0005 W/cm℃

涼感衣之測試，如圖 5-1，是將樣布夾在冷板和熱板之間，屬於固體物質接觸的傳導方式，一旦布料做成衣服，並穿在身上後，因衣服與身體有空隙，衣服外面接觸的是空氣流體，故成為對流與傳導的混合熱傳遞方式，其熱流量率要依牛頓熱傳遞定律(Newton's Law of Heat Transfer)公式計算。唉！再談下去，有點複雜，暫且略過，以免不懂亂放屁，造成空氣污染。

5-2. 涼感衣經得起考驗嗎？

電視新聞報導中，記者以(紅外線)溫度計，量測涼感衣，顯示人體穿上涼感衣前、後，可降溫 3℃ 左右，然而，當持續穿上一小時以後，還會差 3℃ 嗎？當然不會，能差個 0.3℃ 就偷笑了(※電視畫面顯示的溫度差愈來愈小，卻不繼續播下去)。

因為，尚未穿上身體的涼感衣，其表面溫度≒賣場冷氣室溫 22～24℃，穿在 35℃ 的身上，當然會有"瞬間涼感"，但時間延長後，熱傳遞會達到穩流狀態,"瞬間涼感"的效應也就消失了。

好啦！姑且相信涼感衣具有"瞬間涼感"的功能;那麼，如果在 35℃ 以上的室外穿涼感衣，會有涼感嗎？當然是反效果，因為在沒有電力供應的情形下，熱量永遠是由高溫傳向低溫，結果，身體感覺更熱。

有專家說:「在室內穿涼感衣，身體覺得涼爽，冷氣的設定溫度可以稍微調高一些，可以達到省電的效果。」。請問:「稍微調高一些的"稍微"，是要調多少」？看倌們看看貴宅冷氣機的溫度調節器，大多數均是 1 度 1 度的調吧？請您由 27℃ 調高到 28℃ 試試看再說吧！理論上，可稍微調高一些是沒錯，大概是可調高 0.01℃ 吧？P.S:到室外時，豈不要換穿"非"涼感衣？

涼感衣沒有像冷氣機一樣的"外來冷源動力" (※約 30

年前老朽曾取得以"壓縮空氣作動力"的工業用冷氣衣專利)，想要有"瞬間涼感"，就得提高衣服的 k 值(※前提是在冷氣房內穿)。常見的做法是將比熱小(※即溫度變化快)的礦石等原料，研磨成極細粉末，添加在布料原料中，經抽絲、織布，再佐以纖維形狀或布料織法，來提高布料的 Q-max 值。因為礦石粉末之添加，必然有其上限值，且添加後衣料的重量會增加且變厚，厚度一增加，則 Q-max 值降低，需兩害相權取其輕，找出最佳的臨界點。

此外，除 k 值會影響熱傳流量率外，纖維布料的織法也是因素之一，由表 5-1 可知，亞麻與蠶絲之 k 值相同，適合做保暖衣材料，但麻可採用濕紗工法製作，使織物具通風、涼爽功能。所以，麻纖維依織法之不同，麻纖維布料之 Q-max 值在 $0.12\sim0.17W/cm^2$ 間，可做成冬天或夏天用的布料。※亞克力纖維及聚酯纖維等，也可依織法之不同，做成"涼感衣"或"發熱衣"。

涼感衣的前身是"吸濕排汗衫"。涼感衣一詞聽起來就感覺比較"爽"，因此，涼感衣推出後，"吸濕排汗衫"的價格也就直直落了。

如果衣服真要有吸濕兼排汗的功能，則必需是貼身面為吸濕材質，而外層應為通風性佳的材質。因此，真正的吸濕排汗衫應為雙層織法，必然比較厚，既然比較厚，散熱性變差，所以身體就容易出汗。依常識邏輯思考，為什麼不穿薄一點、通風一點的衣服(※比較不會出汗)，反而要花冤枉錢買較厚的衣服，"穿給他流汗"，再來"吸濕排汗"呢？

　　圖 5-2 是吸濕排汗衫之原理示意圖，夏天運動、勞動時，人體很快會達到排出汗珠程度，即使汗珠中的水份迅速被吸濕層吸收，但是汗珠中的鹽份，仍殘留在肌膚上，黏ＴＴ的，感覺上更加不舒服。所以，一旦排汗，趕緊以毛巾擦乾卡實在。

圖 5-2. 吸濕排汗衫之原理示意圖

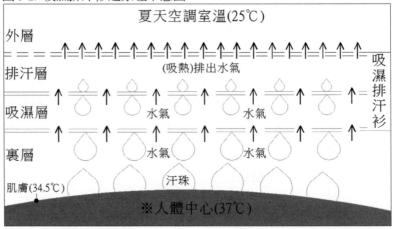

因此，吸濕排汗衫，宜為"透氣為主、吸濕為輔"的薄衫，避免汗氣轉為汗(水)珠才是上策。※理論上，汗水蒸發為汗氣，會吸收蒸發潛熱(※發熱衣的發熱逆反應)，但因水之揮發性低，吸熱效應太太太小，幾乎無感。※打針前，擦酒精消毒時，會有涼感，也是吸收蒸發潛熱，不同的是酒精為高揮發性液體。

　　理論上 Q-max 值愈大，會有"瞬間"涼感，但要持續穿在身上，要考慮"持續"涼感。所以，透氣性、吸汗性及觸感良好的衣服，才是夏衣的最佳選擇。

因為 Q-max 值多少，業者說了算，是否正確也不知道，老朽買衣服時，習慣性會隔著衣服對日光燈光源看，通常透光性佳的，多是織法針數較疏、透氣性佳的(※必要時用嘴吹氣看看)。電子廠無塵室穿的無塵衣，觸感佳，但不具透氣性(※用嘴吹氣也不透風)，因此，當無塵室溫高於 23℃時，穿無塵衣會有悶熱感。所以，要"瞬間"涼感，宜買 Q-max 值大的涼感衣(※限冷氣房內穿)；要"持續"涼感，則買透氣的洞洞衫。**熱傳導定律**才是貨真價實的基本學理，其他的均是廣告用語，不能當真！※日本曾有一款專利通風衣，是使用腰掛電池且衣服配有微型風扇的涼感衣，可能因為需常換電池而未成為熱銷商品。

5-3. 發熱衣的發熱邏輯

發熱衣，真的可以發熱嗎？理論上可以，但得要有"還原再生"的步驟；圖 5-3 是衣櫥用的除濕劑，內裝二氧化矽(SiO_2)化學物質，可吸收空氣中的水氣而發熱，吸飽水氣後需放入微波爐中，加熱乾燥還原後，再重複使用。顯然這種可"還原再生"功能，一旦泡水後就會破功。那麼，發熱衣是怎麼一回事？

圖 5-3. 衣櫥用吸濕劑

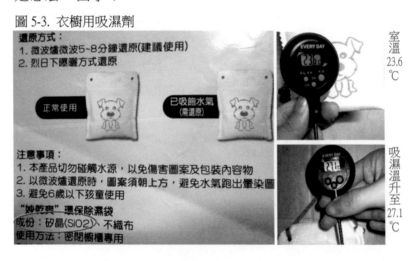

依「人造纖維製造同業公會」及「紡織業拓展會」的資料顯示，要能稱為"發熱衣"者，其衣料成份需含有①遠紅外線(陶瓷等)纖維，或②(聚丙烯酸酯等)吸濕發熱纖維，或者③兩者並用，含量愈多，表示發熱效果較佳。

有業者宣稱，發熱衣的發熱原理，是將人體排出之水氣分子的共振動能轉為熱能(※聽聽就好)。其實，發熱衣本身沒有發熱能力，說穿了，不過是過度解讀水相態變化(Phase Change)的冷凝/蒸發潛熱效應而已；※1 公克(即 1c.c.，約 1 粒花生大小)水氣冷凝成水珠時，會放出約 0.6kcal(大卡)的冷凝潛熱；反之，1c.c.水珠蒸發成水氣時，會吸收約 0.6kcal(600 卡)的蒸發潛熱，此熱量與"身體－周溫"的傳導熱、對流熱相較，微乎其微，多忽略不計，沒想到會被業者拿來大做文章。依此，吸濕排汗衫也可宣稱是"冷氣衣"了。

圖 5-4. 發熱衣之原理示意圖

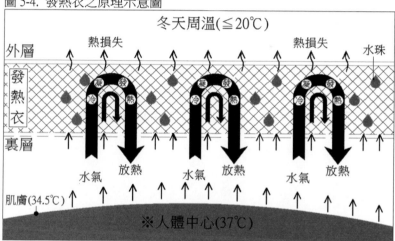

理論上，如圖 5-4 所示，發熱衣吸附人體排出的水氣，將水氣冷凝成水珠，而釋放出之冷凝潛熱(※ 為吸濕排汗衫的吸熱逆反應)。雖然，冬天人體排出的水氣極微，但必然跟衣櫥除濕劑一樣，會達到飽和程度，那吸飽的水珠怎麼辦？若再吸熱成水氣排出，豈不成了吸濕排汗的"吸熱衣"？難不成也要跟衣櫥除濕劑一樣，放入微波爐加熱、逼出水

珠後再穿？※鄭重聲明，別當真，否則火燒厝，不干老朽
的事。

　　吸濕發熱能力與吸濕率成正比。日本(TOYOBO)東洋紡
公司的聚丙烯酸酯(Acrylilate)纖維產品，商標名為 MOIS
CARE，依其官方網站資料顯示，聚丙烯酸酯纖維的吸濕率
高達 41%(@20℃，相對濕度 65%)，為嫘縈的 2.4 倍、羊毛
纖維的 2.5 倍、棉纖維的 5 倍。

　　看倌們別被"倍數"嚇到，在其官網上，也公告 MOIS
CARE 內衣與純棉內衣之吸濕發熱比較，兩件分別穿在可
模擬出汗之人體模型上，實測結果如圖 5-5 所示，MOIS
CARE 內衣僅比純棉內衣高 1.7℃(@第 15 分鐘)而已，而且
在第 28 分鐘以後，純棉內衣的溫度反而較高。※業者居然
沒在 25 分時就 cut 掉，以掩飾不利的證據！

圖 5-5. 東洋紡公司之實測紀錄

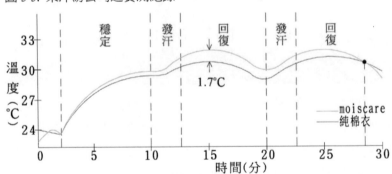

　　也有業者宣稱其發熱衣係由相態變化物質(Phase
Change Material, PCM)所製成的"太空科技纖維"(※聽說是

美國太空總署 NASA 開發的材料)。相態變化物質(PCM)曾被應用在大樓的儲冰空調系統中，以水的"液態－固態"變化來"吸冷、蓄冷、發冷"，後因不堪重覆"吸冷、發冷"的"還原再生"損耗，而黯然退出市場。如果發熱衣真的有效，也必然經不起還原再生及洗滌搓揉的重複折磨而喪失功能。

理論上，發熱衣的熱源有二：一是人體排出之水氣，另一熱源是人體之體內中心溫度(約 37℃，皮膚表面約 34.5℃)。因此，發熱衣如果真能吸濕發熱的話，為了吸附人體之排出水氣，發熱衣應為內衣型式，而非製成外套型式用，否則"吸濕發熱"的說法就不攻自破了。

事實上，要保暖，"天然ㄟ尚好"，麻、棉、毛等天然素材，均具有吸濕發熱功能，特別是麻，麻之吸濕發熱能力比棉及毛高 15%以上，只是天然素材有限，所以業者不得不生產仿天然素材的低成本人造纖維，加上高明的行銷策略，可提高利潤，何樂而不為？

衣服要保暖，k 值一定要低，再加上布料織法的運用，使布料中保有"氣室"空間，即可降低 k 值。羽絨衣的保溫效果，即是來自膨鬆的"氣室"空間。記得小時候，街道上還有棉花店，在彈棉花、做棉被，即是讓棉被有更多的"氣室"空間，供蓄熱保暖用。

記得某一年冬季奧運的開幕式，各國代表隊入場的前導美女，均穿泳裝。等－咧！零度以下穿泳裝，有沒有搞錯？確實沒有錯！怎麼做到的？？前導美女在泳裝外面，再加穿一套"充氣透明球裝"，將身體及手腳均包在透明PVC製的球體內，內面充滿空氣，以空氣的低 k 值特性作保溫層。※觀眾眼睛吃冰淇淋，前導美女也不會感冒流鼻涕。

空氣 k 值僅 0.000247W/cm℃，比羊毛及蠶絲之 k 值還低(※見表 5-1)，具極佳的保溫隔熱性，所以市售的保溫材料，多為多孔性的發泡體，整個保溫材料，係由無數的"小氣室"與低 k 值材料所組成。依熱阻抗的串聯、並聯原理，保溫衣料或材料的 k 值，不可能低於空氣的 k 值。※發熱衣布料之 k 值也不可能低於空氣 k 值。現實生活中，比空氣 k 值低的產品，有真空層的保溫瓶及悶燒鍋外鍋等。

有些發熱衣，號稱採用中空的(圓型斷面)纖維或是異型斷面纖維，理論上，其保溫性應高於實心人造纖維，然而經不起上沖下洗、左搓右揉，新衣服或許有效，但經過數次清洗後...。發熱衣的洗衣建議，多為限用中性洗劑、禁用柔軟精，不可扭絞、搓揉、摩擦，不可烘乾、漂白及乾洗(※乾脆不要洗)！

5-4. 發熱衣的合格標準

　　對於發熱衣，機能○○會也有一套測試法：「紡織品熱效應驗證規範　第一部份：吸濕發熱測試法」；同樣是針對一小塊樣布做測試，分為 A 法及 B 法，但尚未訂出合格標準。

　　查日本「一般財團法人 BOKEN 品質評價機構」網站，發熱衣的合格標準是：測試樣品與比對樣品比較，最高溫升≧0.5℃。依圖 5-6 日本 BOKEN 的測試例，其最高溫升值僅 1.0℃(@第 4 分鐘，21→22℃)。※第 5 分鐘起，(綠色線)相對濕度接近 90%時，因樣品已達吸濕飽和，溫度逐漸下降。PS：若圖 5-6b 之時間橫座標延伸至 28 分鐘，很可能跟 TOYOBO 的測試一樣(※圖 5-5)，變成反效果。

圖 5-6. 日本 BOKEN 公司之吸濕發熱性試驗

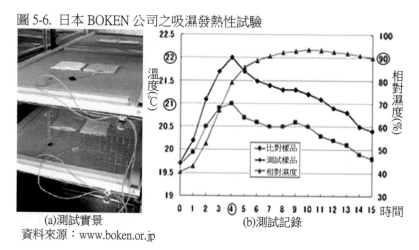

(a)測試實景 　　　　　　　　　 (b)測試記錄
資料來源：www.boken.or.jp

　　機能○○會訂定的「吸濕發熱測試法」，是 A 法(≒日本 BOKEN 試驗法)和 B 法(≒中國測試法 FZ/T73036)兩者並列。兩種測試方法大大不同，所以，其合格標準也大大不同。如表 5-2 所示，日本合格標準(最高升溫)≧0.5℃，遠低於中國合格標準(最高升溫)≧4.0 ℃)。此只因測試方法不同之故，並非表示中國發熱衣比較佳。

表 5-2. 吸濕發熱衣之合格標準

	合格標準
日本 BOKEN	測試樣本(加工樣品)與比對樣本(未加工樣品)比較，最高升溫≧0.5℃測試紀錄 15 分鐘
中國 FZ/T73036	測試樣本與恆溫恆濕箱溫度(20℃比較，最高升溫≧4.0℃，且 30 分鐘平均升溫≧3.0℃
台灣機能 OO 會	A 法≒日本方法，B 法≒中國方法，尚未訂出合格標準

日本 BOKEN 的測試條件是溫度 20℃ 及相對濕度 90%，但在台灣冬天，除非長時間下雨，否則在 20℃ 氣溫時，相對濕度不可能高達 90%。記得某年二月，老朽到美國亞特蘭大參觀冷凍空調展，當時，展示溫濕度計的攤位上，顯示室溫 22℃，相對濕度僅 21%(※室內開暖氣之故)。

恆溫恆濕測試的高濕環境，宛如是為達到"溫升"目的而設定的，就像是"先射箭再畫靶心"，或是"先寫答案再出考題"(※此現象在節能或環境等評估報告中，早已司空見慣)。涼感衣的測試條件也是一樣，如圖 5-1 所示，熱板 35 ℃ ≒ 肌膚溫，冷板 25 ℃ ≒ 空調室溫，僅限於熱傳導 (Conduction)方式，而當衣服穿在身上時，就成為對流 (Convection)效應了。

5-5. 發熱衣溫升 6℃ 的真相

依機能ＯＯ會的「遠紅外線紡織品驗證規範」，遠紅外線特性合格標準是:「指定部位穿著測試樣品與對照樣品前後之平均溫度差達 0.5℃ 以上」；採用(聚丙烯酸酯)吸濕發熱纖維的發熱衣，日本 BOKEN 的合格標準是「測試樣本比對照樣本溫升≧0.5℃」。

上述兩者之合格標準均為 0.5℃，但是，市售的各品牌發熱衣，多號稱可溫升 3℃ 以上，有些還宣稱可溫升 5℃ 以上，可能嗎？在網站上可看到某品牌的廣告，其溫升值高達 6℃。

幾年前，在某品牌的官網上，可看到"衣服發熱 3℃ "及 "發熱直逼 6℃ "的廣告影片，有一支棒型溫度計插在一坨纖維絲中，溫度顯示 5.9℃。眼見為憑？真的嗎？

戲法人人會變，巧妙各有不同；其實，5.9℃ 應是"溫度值"而非"溫升值"；但是，aPure 的型錄中，並未提到"溫升 5.9℃ "的字眼，所以，應不算說謊，頂多算是企圖讓消費者認為具有溫升 5.9℃ 之功能罷了。

為了確認 5.9℃ 是"溫度值"而非"溫升值"，老朽特地買了一支同款的溫度計，它可顯示量測一段時間內的最高溫度及最低溫度，但就是不能顯示"溫升值"。

最後，如圖 5-7 所示，老朽把溫度計放入冰紅茶中，試了 N 次，才顯示出 5.9℃。業者廣告中，溫度計所顯示的

5.9℃怎麼來的，看俖們自己想吧！

切記，看廣告時，"眼見不為
憑‧耳聽不為真"，不宜只"看熱鬧、
不看門道"。

圖 5-7. 冰紅茶溫度 5.9℃

其實，不只是此產品的廣告
有誇大之嫌，其他品牌的型錄及
測試報告，也多有避重就輕或牛
頭不對馬嘴，以模糊焦點之現象。
若不仔細研判，則不易發現事實
的真相！

依老朽的觀點，涼感衣/發熱衣均無實質的"涼爽/發熱
"功能，只是業者與媒體誤導下的廣告用語而已。

在台灣機能性紡織品網站，可查到：瞬間涼感紡織品
(FTTS-FA-019)、吸濕排汗速乾紡織品(FTTS-FA-020)、吸濕
發熱紡織品(FTTS-FA-023)、紅外線紡織品(FTTS-FA-010)等，
各種機能性紡織品目前適用的測試規範，不知有多少*非紡
織業者*的理科專家，會認同那些測試方式？

5-6. PK 戰：發熱衣 vs.衛生衣 vs. Polo 衫

為了解發熱衣與衛生衣之溫升比較，老朽特地新買了一件發熱衣，來跟衛生衣及 Polo 衫做比較。

網路上之發熱衣品牌多達 10 餘種，價格在 199～1990 元間，對於 500 元以上之發熱衣，實在買不下手，最後買了 Bés Carol 品牌的發熱衣(※三件 597 元)，

成份標示中，含有 2 種發熱纖維：22%遠紅外線聚酯纖維及 5%聚丙烯酸酯纖維。成份正確否？業者說了算，有標示成份就偷笑了！

採用 Bés Carol 發熱衣的另一原因，是它宣稱"最高發熱溫升為+5.8℃ "，頗具挑戰性。

★發熱衣 vs.衛生衣 vs. Polo 衫之實測比較：
※老朽發誓：「測試過程及記錄均未造假，否則老朽會肥
　　　　　 死！」

(一)試驗樣品：
　　(A)：Bés Carol 發熱衣　(※洗 3 次新衣，重 195g)
　　(B)：宜而爽純棉衛生衣(※穿 3 年舊衣，重 235g)
　　(C)：雨傘牌純棉 Polo 衫(※洗 3 次新衣，重 220g)

(二)使用儀器：泰仕牌 TES-1365 溫濕度計及 TES-1307
　　　　　　　表面溫度計。

(三)量測步驟：

1.如圖 5-8，儀器比對 & 量測測試前之溫濕度。

2.如圖 5-9，量測胸部肌膚表面溫度(34.0℃)。

3.換穿發熱衣後，將溫濕度計之感溫棒插入衣服與身體間與乳頭齊高

(※坐姿)，量測記錄 36 分鐘，如圖 5-10 所示。

4.脫掉發熱衣，換穿衛生衣後，將溫濕度如步驟 3，量測記錄 36 分鐘，如圖 5-11 所示。

5.脫掉衛生衣，換穿 Polo 衫後，將溫濕度如步驟 3，量測記錄 36 分鐘，如圖 5-12 所示。

圖 5-8. 量測前室溫 23.1℃

圖 5-9. 胸部肌膚表面溫度 34℃

圖 5-10. 發熱衣量測記錄中

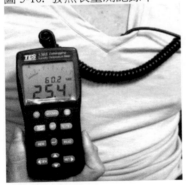

圖 5-11. 衛生衣量測記錄中

圖 5-12. Polo 衫量測記錄中

(四)測試結果：量測記錄如表 5-4 及圖 5-13

圖 5-13. 溫度記錄座標圖

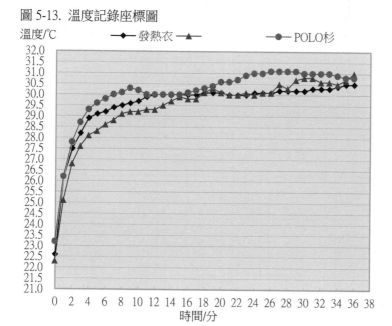

表 5-4. 量測記錄值(※第 0 分為衣服外之起始溫濕度)

時間 (分)	(Bés Carol)發熱衣 溫度 ℃db	(Bés Carol)發熱衣 相對溼度 % RH	(純棉)衛生衣 溫度 ℃db	(純棉)衛生衣 相對溼度 % RH	(純棉)POLO杉 溫度 ℃db	(純棉)POLO杉 相對溼度 % RH
0	22.6	53.2	22.3	58.1	23.2	59.1
1	26.2	57.9	25.1	60.9	26.2	64.8
2	27.5	56.5	26.8	57.8	27.8	61.4
3	28.2	54.0	27.6	55.6	28.7	58.3
4	28.9	51.9	28.1	53.0	29.3	55.8
5	29.1	51.4	28.3	50.9	29.6	54.0
6	29.2	50.6	28.6	50.6	29.8	52.2
7	29.4	49.9	28.8	49.6	30.0	51.9
8	29.5	49.3	29.1	48.6	30.1	51.1
9	29.6	48.8	29.2	48.0	30.3	50.3
10	29.7	47.5	29.2	47.9	30.2	48.2
11	29.9	47.0	29.3	47.8	30.0	47.4
12	30.0	46.7	29.3	47.4	30.0	47.7
13	30.0	45.8	29.5	49.2	30.0	47.4
14	30.0	44.8	29.7	49.7	30.0	47.2
15	30.0	45.4	29.9	47.9	30.0	47.0
16	30.0	45.8	29.8	48.3	30.1	47.4
17	30.0	45.4	29.8	48.1	30.2	47.3
18	30.1	45.1	30.1	48.5	30.3	46.8
19	30.1	44.9	30.3	47.6	30.4	46.9
20	30.1	45.2	30.1	46.2	30.6	47.2
21	30.0	44.9	30.0	45.9	30.6	47.4
22	30.0	44.7	30.0	46.0	30.7	47.9
23	30.0	44.9	30.1	46.3	30.9	48.2
24	30.1	45.2	30.0	46.8	31.0	48.0
25	30.1	45.0	30.1	47.8	31.0	47.4
26	30.1	45.5	30.1	47.3	31.1	47.5
27	30.2	44.9	30.5	47.8	31.1	47.6
28	30.2	44.4	30.3	47.4	31.1	47.7
29	30.2	45.1	30.7	47.8	31.1	47.1
30	30.2	45.4	30.8	47.6	31.0	47.0
31	30.3	45.2	30.8	46.4	31.0	46.5
32	30.3	45.4	30.6	46.1	31.0	46.4
33	30.3	45.1	30.6	46.0	31.0	46.4
34	30.4	45.6	30.5	46.4	30.9	46.7
35	30.5	45.8	30.7	47.2	30.8	46.1
36	30.5	45.4	31.0	46.9	30.8	46.5

(五)結論：

①前 10 分鐘之溫升速度，Polo 衫最快，發熱衣次之

②第 19 分鐘起，發熱衣之溫度 ≦ 衛生衣及 Polo 衫。

③三件測試衣之溫度，均不可能 ≧ 肌膚溫度 34℃。

④依量測記錄，未能證明發熱衣具有發熱能力。

⑤若不談發熱能力，發熱衣有輕薄、觸感佳的優點，
　　在 21～24℃間，當居家休閒服穿，感覺還不錯。

⑥依熱傳原理來判斷，起始溫升較快者，應是衣服
　　之比熱(kcal/kg℃)較小之故。依溫度趨勢來看，純
　　棉衛生衣之比熱最大(※而且最厚、最重)。

P.S：抗寒穿衣術：

　　靜止空氣層的低熱傳導係數是保暖的必要條件。因此，要保暖宜多層次穿衣(※洋蔥式穿法)；最裡層穿觸感佳的內衣，再外加二件棉衣或毛衣，其中一件為套頭高領式，或圍巾包頸(※防止冷空氣由頸部灌入)，最外層加防風夾克或羽絨衣。嚴冬騎機車時，可再外穿兩截式雨衣，加穿雨鞋或馬靴(※防止冷空氣由褲腳灌入)、戴口罩、再加安全帽。如此，冷空氣不灌入，體溫不外流，即可暖呼呼。

　　記得去年入冬首波寒流來襲時，電暖氣賣到缺貨，而發熱衣業績更是嚇嚇叫，某知名品牌業者在大賣場接受電視媒體採訪，並請來日本的發熱衣專家做說明，表示發熱衣要直接貼身穿，再加一件羽絨衣，中間不要加穿任何衣服(※玉米式穿法或稱減衣穿搭式)，如此穿發熱衣效果最佳。如果以溫度計實測，會發現發熱衣外表層的溫升速度

快,而若在發熱衣與身體間,或在羽絨衣與發熱衣間加一、兩件衣服(※洋蔥式穿法),則發熱衣外表層的溫升速度較慢。

確實是如此,溫升速度的說明完全正確,不需造假,不過,此做法不符合"常識邏輯",稍用國中程度的熱傳導原理,即可了解其原因;因為羽絨衣內部充滿空氣,隔熱效果佳,所以羽絨衣與發熱衣之間不加穿衣服時,由人體中心(約 37℃)傳出的溫度被阻隔,而顯示在發熱衣外表層上的溫度較高,若在發熱衣之內或外加其他衣服時,則發熱衣外表層會繼續將熱源傳給其他衣服(※亦即用來加熱其他衣服),因此,發熱衣外表層的溫升較慢,因而被錯誤解讀成"洋蔥式穿法的效果較差",其實,若時間拉長到 30 分鐘以後,則"洋蔥式穿法"比"玉米式穿法"更保暖(※因為蓄熱容量大)。

再回顧表 5-1,除了真空層的保溫隔熱效果最佳外,空氣層是比任何保暖材質均佳,也就是說:要保暖需採用,在羽絨衣內多穿幾件衣服(※並不一定要穿發熱衣),具有多層空氣層才是最保暖的穿衣方法,而上述發熱衣業者的做法,又是一則"呼嚨"**常識邏輯**的噱頭而已。

事實上,業者請來的日本發熱衣專家所說的"玉米式穿法",多僅適用於冬天會下雪、開汽車上班且室內開暖氣(※室溫約 22℃)的國家,一到室內立即脫下外層禦寒外套(※外國人辦公室多有各人的衣物間,台灣僅能將外套掛在椅背上)，而台灣的場合，上班族多騎機車，冷風易灌入外套內，且室內多無暖氣(※室溫約 15℃)，所以在室內僅穿一件薄的發熱衣，仍然不足以禦寒，因此較適合可視溫度變化加減衣服的"洋蔥式穿法"。

寒冬有人會穿衛生褲，但如果是冬天到歐、美、日國家旅遊，飯店及地鐵內均有暖氣，室溫在 22℃ 以上，多會熱到需至廁所去脫掉衛生褲。所以，在冬天出國時，不宜穿衛生褲，而是帶小腿套(※腳踝至膝蓋段)，以方便進、出室內時脫、穿用。※若到雪地，臨時在衣服內塞報紙，可增加空氣層禦寒。

充其量，涼感衣僅具"瞬間"涼感功能；發熱衣僅具"瞬間"熱感功能。想想俗話說的「熱臉貼冷屁股」情景，對熱臉來說，是瞬間涼感(※如同冬天屁股坐上馬桶蓋的感覺)；對冷屁股而言，是瞬間熱感(※如同夏天屁股坐上日晒鐵椅的感覺)。約 10 秒鐘後，屁股的瞬間涼感或瞬間熱感就消失了。

穿發熱衣，確實可使衣服與肌膚間的空氣溫度上升≧3℃，但即使是穿衛生衣，也可以上升≧3℃，此均是因為體內中心溫度 37℃，肌膚表面溫度 34℃，向外傳熱的路徑，被低 k 值的發熱衣、衛生衣或 Polo 衫所阻擋之故，等發熱衣或衛生衣的內、外熱傳遞率達到穩流狀態後，兩者的溫度，幾乎是相同的。

如果看倌們認為老朽所做之"發熱衣 PK 戰"的實測分

析不客觀，那請回顧圖 5-5，日本(TOYOBO)東洋紡公司所做的實驗；測試到第 15 分鐘時,達到最高溫升值 1.7℃，但在第 28 分鐘以後，純棉衛生衣之溫度反而高於東洋紡的 MOIS CARE 發熱衣。姑且再回顧一下圖 5-6b，日本 BOKEN 的測試記錄，第 4 分鐘時之溫升值(1℃)最高，以後則溫升值及溫度值均逐漸下降。(※BOKEN 比較聰明，測試到第 15 分鐘就停止了！)。

這表示無電力之發熱衣的吸濕發熱功能，多為商業噱頭，若真有發熱效應，也僅是曇花一現的"瞬間"熱感而已。

真正的發熱衣，是要消耗電力的；在台灣的專利資料庫中，目前有三項發熱衣專利產品，全是要在衣服內，配置電池及微米電熱絲，將電能轉為熱能，溫度可調整。

"發熱毯"、"發熱被"均須通電才能發熱,也確實是暖呼呼的。對於無法溫升至肌膚溫度(約 34.5℃)的發熱衣，不應禁用"發熱衣"名稱嗎？

據消基會之隨機抽購市售涼感衣/發熱衣的檢查結果，發現多達 5 成的產品均"成份標示不實"，至少違反「商品標示法」第 15 條，但是，消基會亦無法認定其功能是否誇大不實，若誇大功能而至少違反「公平交易法」第 21 條第 1 項，然而，公平交易委員會似乎也沒在管。不知"涼感衣/發熱衣之功能不實,"是屬於哪個單位的權責範圍？

Chapter 6

"常識邏輯"話減肥

6-1. 理科減肥法:能量守恆定律

6-2. 脂肪燃燒的閃火點

6-3. 減肥終極準則:不吃最瘦!

6-4. 減肥瘦身異言堂

6-5. 私房減肥秘笈大公開

6-6. "營養調理"並非減肥的必要條件

第六篇 "常識邏輯"話減肥

　　坊間大書店陳列的減肥瘦身書籍有數十本(※圖 6-1)，為了瞭解減肥專家在說什麼，老朽買了 4 本(※加上站著看 N 本)，也上網看了許多減肥資訊，終於掰出"有所本"、且標新立異的「理化科減肥法」，此"本"就是「能量守恆定律」(Law of Conservation of Energy)。本減肥法，之所以稱為理化科減肥法，是因為大家都唸過國中，表示簡單易懂；又稱為能量守恆定律減肥法，是因為要找科學家背書，證明本減肥法的偉大性，鐵定不會錯，否則愛因斯坦、愛迪生等科學家要回到現代換眼鏡了。(※老何賣瓜，自賣自誇！)。

圖 6-1. 坊間減肥書琳瑯滿目

6-1. 理科減肥法：能量守恆定律

減肥如同"鐵杵磨成針"，出力、流汗又耗時，很辛苦，加上無恆心與毅力，所以不簡單！如果"減肥很簡單"，早就沒有減肥商機了(※包含減肥書)。超貴的減肥班、減肥藥、減肥食品等，只要跟減肥扯上關係的，均可以高價賣。事實上，只要回顧國中理化課本的"基礎知識"，加上每人天生具有的"常識邏輯"，即可了解，"有料"減肥商品的玄機與花招，多半違反「能量守恆定律」，所以，"有料減肥嘸彩工"，求人不如求己，減肥瘦身自己來！

打開國中理化課本，會找到能量守恆定律：「能量不能被創造或毀滅；而能量可由一種型式，轉為另一種型式。」。亦即是，能量(Energy)可以不同型式存在，例如動能、摩擦能、位能、熱能、光能、核能、電能、太陽能等，但是能量轉換時，必然伴隨著能量損失。※等到念高中物理時，會告訴您「能量守恆定律」就是「熱力學第一定律」。

減肥界慣用的(熱)能量單位為大卡(kcal)，例如一碗150g飯的熱能約 270 大卡(kcal)；活動、運動所消耗的熱能，單位亦為大卡，而單位時間內所消耗的熱能量，稱為功率或功(work)，單位為 kcal/h，例如，以時速 8 公里(8km/h)慢跑一小時，所消耗的熱能量約 600 大卡，其功(率)即為600kcal/h。

單位時間內走路、跑步等人體活動所消耗的熱能，稱為動能率(KE)，或功率(WE)，其公式為：

$$KE=\tfrac{1}{2}MV^2 \quad\cdots\cdots\cdots\cdots(公式\ 6.1)$$
$$WE=F\times D=F\times(V\times t)\cdots\cdots(公式\ 6.2)$$

　　　M=體重(kg，公斤≒學術單位 kg$_f$)
　　　V=走路、跑步等之速度(km/h，公里/時)
　　　F=出力(kg$_f$)，D＝距離(km，公里)，
　　　t=時間(h，小時)

　　依公式 6.1 及公式 6.2 可知，體重愈重或跑步速度愈快，或者，跑步出力愈大、跑距離愈遠、時間愈長，所產生的動能率也愈大。所以，(快跑出力×快速×短時間)與(慢跑出力×慢速×長時間)，所消耗的熱能量(kcal，大卡)是一樣的。

　　談減肥必談新陳代謝；新陳代謝熱能量，包含①維生所需之基本熱能，稱為基礎能(約佔 65%)；②維持肌肉活力的熱能，稱為肌力能(約佔 10%)，及③人體活動所需的熱能，稱為活動能(約佔 25%)，三者合稱為新陳代謝能。

　　人體的新陳代謝機能，約從 30 歲以後、或從不再運動以後，就逐漸走下坡了。因此，隨著年齡的老化，新陳謝中之基礎能與肌力能的消耗，也隨之減少。這不是基因改變，而是年齡老化，無法逃避的現實；年紀大了，肌肉會逐漸萎縮，若飲食不變，不僅體重可能增加，連體脂肪也會上升。

　　基於「能量守恆定律」，入口食物的熱能，扣除新陳代謝熱能，剩下的就是脂肪囤積的熱能。其反應方程式，即

是人體調節體溫之熱平衡方程式：

$$ME \rightarrow \pm CE \pm RE + EE + WE \quad \cdots\cdots(\text{公式 } 6.3)$$

    ME：新陳代謝熱能

    CE：對流熱能

    RE：輻射熱能

    EE：蒸發熱能(呼吸熱、流汗熱…)

    WE：活動熱能(走路、工作、睡覺…)

    ＋：表示人體消耗熱能

    －：表示人體獲得熱能

$$HE - ME = IE \quad \cdots\cdots\cdots\cdots\cdots\cdots\cdots\cdots\cdots(\text{公式 } 6.4)$$

    HE：輸入熱能(食物、營養針、打點滴…)

    ME：新陳代謝熱能(公式 6.3)

    IE：體內熱能(脂肪囤積)

公式 6.3 中，當環境周溫高於人體皮膚表面溫度(約 35℃)時，CE 及 RE 均為負值，表示人體由周圍環境獲得熱能；反之，在冬天時，CE 及 RE 均為正值，表示人體消耗熱能以確保體溫，而 EE 與 WE 永遠是正值，此為人體維生及活動所必需的消耗熱能。

活動會消耗貯存在人體的熱能(※脂肪及肝醣等)。體溫升降是物理熱能，可即時轉換，例如喝熱湯時，體溫上升，而進入冷凍庫時，因為立即損失對流熱能(CE)和輻射熱能(RE)，故造成體溫下降；脂肪是化學能，需經過化學反應，才會轉換為熱能，因此，在冷凍庫待久時，脂肪化學能，來不及轉換為熱能，以加熱人體時，體溫會持續下降而陷入昏迷⋯。

公式 6.4，是以熱力學觀點，將人體視為一個密閉式系統(Closed System)，它的邊界(Boundary)就是人皮。在一個密閉式系統中，入口食物熱能(HE)，扣除新陳代謝能(ME)，多出來的即成為體內熱能(IE)，而以脂肪型式囤積在體內。脂肪又分為皮下脂肪(※游泳圈、蝴蝶袖等人皮表面下的肥肉均是)及內臟脂肪(※醫生說這是心臟病、高血壓、脂肪肝及腦中風等之禍首，為新陳代謝症侯群)。

人體消耗之熱能，依活動方式不同而異，例如，走路消耗熱能約每小時 200 大卡(200kcal/h)，辦公室作業約 100kcal/h，而睡覺時約 50kcal/h。所以，以一天睡八小時為例，一般上班族的每天熱量需求是，男生約 2,000 大卡，女生約 1,800 大卡。也就是說，上班族每天吃下肚的任何食品、飲料，只要總熱能約高於 2,000 大卡(男)或 1,800 大卡(女)，即可能成為肥胖族群(※依體質、活動而異，約有±15%之差異)。

依據「能量守恆定律」，「理化科減肥法」之執行指標是：入口熱能 ≦ (新陳代謝熱能×0.8)。如此，每個月約減重 2kg，想不瘦都難，緩減重，不傷身！

"一時貪嘴，一生臀肥"或許是危言聳聽，但肥胖一定肥出有因，除了極少數是異常病症外，"超量入口"絕對是主因(※遇 7 天春節年假的超量吃喝，體重可能增加 2kg 以上)。因此,「少吃為主,運動為輔」才是減肥王道,其他方法多是"胡說八道",寧可飯吃八分飽,切勿肥出病痛惱。

約消耗 7,500 大卡的熱量,才能甩掉 1 公斤的脂肪;快走 1 小時(≒6 公里)才消耗 300 大卡的熱量,也就是要快走 24 小時才能消耗 1 公斤肥肉。光看這兩項減肥專家多認同的數據,都知道減肥確實不簡單,那為啥還是有人相信一些不符合「能量守恆定律」的按摩、刮痧、指壓、芳香精油等超簡單"躺著就會瘦"的減肥方法?或者針灸、穴位埋線等超能力減肥方法?(※事實上,這些方法多有"入口管制"的附帶條件)。減肥專家們應感謝"新陳代謝論"所提供的"模糊地帶",任您自由發揮、辯解。

減肥瘦身,求人不如求己,想花錢減肥的看倌們,不妨先回顧國中時期的理化知識基礎,加上常識邏輯思考法則,分析各種減肥方法,您將發現老朽的「理科減肥法」,不是唬爛的!

6-2. 脂肪燃燒的閃火點

在空氣中，將紙張點火、燃燒，是因為空氣中有氧氣，這個大家知道，但是脂肪如何藉助氧氣燃燒，老朽得承認，"I don't know."。上網搜查，也找不到符合常識邏輯的解釋，只好道聽塗說，跟專家一起說"脂肪燃燒"了。

會產生揮發性氣體的物質，其起始燃燒的溫度有閃火點(Flash Point)及著火點(Fire Point)之分；閃火點多遠低於著火點。例如：汽油的閃火點在 0℃ 以下，而著火點約在 50℃ 左右。人體因呼吸、排汗而產生水蒸氣及油氣，由皮膚、臉部、頭皮等滲出。因此，推斷脂肪的燃燒，也有閃火點及著火點之分。

通常運動結束後，脂肪會持續緩燒約 1 小時，為閃燃(Flashover)狀態，而新陳代謝中的基礎能與肌力能，則在閃火點以下的花熱，為揮發性的閃蒸(flash distillation)放熱狀態。

脂肪是人體的油庫，除提供基礎能、肌力能外，當走路、太極拳等慢動作時，脂肪是在"閃火點"燃燒；當快跑、騎馬舞等快動作時，脂肪是在"著火點"燃燒。人體脂肪燃燒的閃火點，不得而知(※專家沒說)；老朽猜測，人體脂肪燃燒的閃火點，若換算成心跳速度，約為每分鐘 120 次(120BPM)，而著火點約為 150BPM。

常人的心跳速度約 72BPM，屬於正常的新陳代謝狀態，在閃蒸狀態發熱。慢跑速度(km/h)，可概略換算為心跳速度 (BPM)，例如，8km/h 慢跑速度之心跳速度約 150BPM。

時速 6.6km/h 是慢慢跑與快快走的分界點，當您慢慢跑 5 分鐘，心跳速度達 120BPM 以上時，脂肪開始在閃火點加速燃燒，10 分鐘後，心跳速度約為 130BPM。若增快跑步速度，使心跳速度達 150BPM 以上時，脂肪即進入猛烈燃燒的著火點狀態。

綜觀運動場上的減肥族，其慢跑速度約在 6.6～8.5km/h 間，高於 8.5km/h 者，不能稱為減肥族，多是每天報到，應稱為運動族，因為肥胖族群，少有慢跑時速高於 8.5 公里 (km/h)的。

通常達到減肥族標準時，因為跑不動(@6.6km/h，30 分鐘)，多是走路。因此，減肥族第一步是食量減半(※受不了則減 1/3)，先正常走(4.5km/h，60 分鐘)，等稍瘦後，再快走(5.5km/h，45 分鐘)，再快快走(或慢慢跑)(6.6km/h，30 分鐘)，分段提升，以免太急進而成為三天熱度，每週 3 次即可，自認為是快樂的減肥族者，可增加至每週 5 次以上。

慢跑運動的族群，可分為四種類型，第一種是慢跑時速 8.5km 以上的運動族(※又稱勇腳馬族)，第二種是慢跑時速在 6.6～8.5km 間的抗肥族(※又稱怕胖族，本身長胖 ing)，第三種是慢跑時速在 6.6km 以下的減肥族(※又稱拼命族，希望有朝一日能進階為抗肥族)，第四種是偶爾初一、十五才到運動場逛一下、看熱鬧的拜拜族(※又稱不動族)。

老朽歷經運動族、拜拜族、減肥族及抗肥族的艱辛旅程，直到 2020 年 5 月，因新冠肺炎之故，住家附近的學校運動場停止對外開放之後，老朽以此為藉口不再慢跑，半年之後，體重又增加了 2.5 公斤。

圖 6-2. 運動場慢跑眾樂樂&慢跑機慢跑苦中作樂

6-3. 減肥終極準則：不吃最瘦！

A 哥是任何事均講求數據分析的工程師，當體重上升到 82kg 時開始減肥，花了 8 個月，減了 12kg，雖然減肥時間不算短，但是多年來，體重均維持在 70±1kg；B 妹是任何事均青青菜菜的樂天派，當體重上升到 90kg 時，開始減肥，花 16 萬元參加減肥課程，每天除了做運動外，尚要吃減肥丸、消脂茶，加上飲食限制規定(※晚上 8 點後禁止進食等)。雖然 40 天減 8kg(≒每 kg 肥肉 2 萬元，比頂級牛排肉還貴)，但是減肥課程結束後 60 天，體重又回至 90±2kg。

A 哥外出團遊時，隨身帶一只不鏽鋼杯和一雙環保筷子，與大夥兒一起吃飯時，他老兄把要吃的菜、飯全部放入不鏽鋼杯，吃完後再喝湯 1/4 杯(※劃線做記號)，據 A 哥透露，一平口不鏽鋼杯的菜飯是 400 公克，1/4 杯湯是 150 公克，採用食物總量管制法，葷、素不忌，不偏食、什麼都吃(※就是不吃虧)！

肥胖一定是有原因的，B 妹自稱喝水也會胖的人，某日，B 妹與若干人去爬山，抵達半山腰涼亭休息時，一夥人拿出開水或低糖飲料解渴，唯獨 B 妹拿出自熬的大瓶冬瓜茶，原來 B 妹所稱的水是冬瓜茶。

90%的肥胖者均是超量進食(※其餘 10%，吃巧克力 ing)，即使是食量減半，也能維持七、八分飽。因此，在作息完全相同的情況下，經食量減半的 10 天後，至少可減重 1kg 以上。

　　飢荒難民營中有胖子嗎(※可能有，紅十字會的醫生、護士)？所以，減肥終極準則是：不吃最瘦！(※要吃減半)

　　"要吃減半"更精準的說法是，入口熱量減半。目前許多食品多有標示熱量值，即使沒有，也可上衛福部食品藥物管理署網站，查看專家說的熱量值，唯獨要看清楚是每100公克熱量？還是每包熱量？有時候一包含有 N 佰公克的熱量。不過，每次吃東西均看熱量值太麻煩了(※有時不知道)，簡單一點，即是採用前述 A 哥的入口重量管制法(※少肉多蔬菜)。

　　如果您仔細觀察各種減肥法，會發現不管用何種花招，多有一共通性，就是"入口管制"；例如，一些有料的減肥課程，規定這個不能吃、那個也不能吃、過晚不食，限制只能吃喝他們提供的食品。通常有誘人的品名，例如排毒餐、養生湯、消脂丸等等等。

　　基於"能量守恆定律"與"肥胖因果論"，減肥的原則是「少吃為主，運動為輔」，若反其道而行，僅會在運動初期(約 15 天)有效，當入口熱量與新陳代謝熱量平衡時，體重即不再下降，專家說，這是減肥瓶頸，然後會建議一些飲食規則。

　　肌肉(瘦肉)之密度比脂肪(肥肉)之密度約高 30%，亦即同樣是 1 公斤，脂肪體積比肌肉體積約大 30% (圖 6-3；因買不到人肉，只能以豬肉代替)。因此，要有較高效率的減肥效果，要選擇肌肉不會增長太多的運動，但以肌力能的立場來看，應是消脂與增肌並重。

圖 6-3. 半公斤豬肉之瘦/肥體積

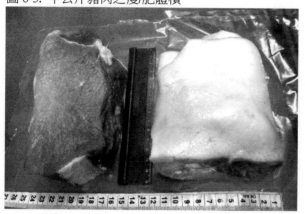

　　辛苦運動大半天，拼的只不過是佔新陳代謝熱能 25% 的活動能，所以說，減肥真的不簡單！預防重於治療，與其事後減肥，不如事前抗肥；與其事後抗肥，不如事前管制入口熱量。

　　減肥族務必牢記「能量守恆定律」，"入口管制" 優先，其次才是運動，而運動的主要功能，在於維持肌肉的彈性與張力，避免"40 腰、50 肩、60 六點半！"的順口溜，提早成真。想想看，退伍後或離開學校後，有多久沒舉手喊"有"、將手肘舉到頭頂上了？有多久沒有受到"雙手舉平、雙膝半彎"的體罰了？有多久沒彎腰轉身了？如果這都已是 Long Long Time Ago 的事，那稍微不慎，即可能腰酸背痛、閃到不能動、腰不挺、手不舉、連走路都有困難了！

6-4. 減肥瘦身異言堂

坊間的減肥瘦身書籍，主要有外文的中譯書、醫師/營養師的專業書、置入性行銷的推薦書及影視名人的減肥經等，各說各話、公婆自理，但多有一共通的論點，就是"節制飲食"，其他的多是可有可無的減肥花招。

看了近 10 本的減肥書後，老朽凍袂條地想成為"道聽塗說"的減肥專家，不過，為了維持"非專家"的立場，不得不掰一些不一樣的。本單元的問題，是許多專家談論過的，但老朽以「能量守恆定律」和「常識邏輯思考法則」來分析，不意外的，有不同的看法。

(1)吃減肥藥減肥，有效嗎？

有一點點效，但是…。"減肥藥"可分為三種，**第一種**是安慰劑或維他命丸，對身體無傷，但假減肥藥之名，行詐財之實。**第二種**是美國 FDA 核准上市的減重藥(※減重藥共分五類)，醫師建議身體質量指數(BMI)大於 30 時，才使用)，似乎有效，但副作用不少，所以，也有經核准後又被撤銷的減重藥。**第三種**是減肥偽藥，多將另有其他用途的亂七八糟藥，當減肥藥用，這種藥多半比前二種減肥藥還有效，但鐵定傷身！

以常識邏輯來看減肥藥，其基本作用，不外乎是抑制食慾、阻斷油脂吸收、加速排泄(※嘔吐、拉屎等)及減弱消化器官功能等(※還有傷害身體)。而專家的說法是，用來"

促進新陳代謝"，或是"改變肥胖(基因)體質"。最近報載美國將進行"減肥疫苗"之臨床實驗，捨本逐末，倒不如將嘴巴縫小一半，較實在。

(2)抽脂手術減肥有效嗎？

沒效，減重≠減肥。抽脂手術的主要目的是整形而非減肥，多在抽除腰部、大腿或手臂等的局部脂肪，所以，嚴格來說，是無效且不當的減肥法。其後遺症有，皮膚凹凸不平、血腫、瘀血、浮腫及致命的脂肪栓塞風險。時有所聞之抽脂後傷身的負面新聞，焉能不引以為鑑？

接受抽脂手術的人多為有錢的名人,吃的肚子有飽飽,花錢不在乎，手術後，出了問題也多不敢吭聲，是抽脂醫生眼中的大肥羊。然而，需每天辛苦工作、拼經濟的上班族，還是採用不傷身的理化科減肥法卡特凍。

抽脂減肥除了傷身外，除非是不得已的"醫療手術"，否則一無是處，而抽脂後，若不進行入口管制，肥胖依舊，因此，抽脂後，醫生會強烈建議"飲食控制及運動"。※抽除脂肪的重量，經化學反應後，轉換成醫生的荷包重量。

至於說胃、切腸手術，當身體質量指數(BMI)≧40時，有醫師會考慮。但說胃、切腸手術，風險高且有後遺症。還是回歸"入口熱量≦消耗熱量"、肥胖不上身的「能量守恆定律」為宜，以免花錢又傷身。

(3)游泳減肥有效嗎？

僅初期有效。老朽首次的減肥運動，即是游泳，每週四次(※當時尚未進行入口管制)，由開始時每次游 300 公尺，增到一個月後的每次游 1500 公尺(※50 分鐘，慢游等級)，體重約降 1kg(※人體大腸約 1.5 公尺，吃瀉藥拉把屎就能減重 1kg) ，然而約 3 個月後，體重轉為上升趨勢，why？

經以能量守恆定律，加上常識邏輯思考法則分析後，發現其原因是，剛開始游泳時，因增加了活動能的消耗，脂肪(※肥肉)減少了，所以減重，然而游泳二個月後，胸部及大腿等的肌肉(※瘦肉)長壯了，明顯感覺到衣服變緊，因為瘦肉的密度約為肥肉密度的 1.3 倍，當肌肉茁壯的速度快於脂肪消失的速度時，體重就增加了。

看看舉重、拳擊選手即知，愈是鍛練，肌肉愈壯，體重亦增加(※但體脂肪下降)。所以游泳對減肥而言，效果有限(※確實有人號稱游泳減肥成功，但他沒提及同時進行的入口管制)。

P.S：前述 B 妹，是游泳減肥的"死忠"會員，剛開始時，僅能在水池中漫步 30 分鐘，約 2 年後，每天能以 1 小時，游自由式 2000 公尺，游了 8 年(※只放年假)，體重依舊 90±2kg(※還得每天吃降血壓藥)，不動如山(※90 公斤體重，能 1 小時游自由式 2000 公尺，沒破金氏世界記錄，也應是台灣冠軍吧？)，在厚厚的皮下脂肪層下，隱藏著結實的肌肉。因此，想單純以游泳方式減肥者，宜三思！

(4)可能有怎麼吃都不胖的"易瘦體質"嗎？

可能有。有專家說:「鍛練肌肉可培養出"易瘦體質"」。肌肉經鍛練而壯壯後，需要消耗較多的熱能來維持。新陳代謝熱能中的肌力能，永遠是正值(※公式 6.3)，養肌肉要消耗熱能，若肌肉萎縮了，肌力能需求量也降低，亦即新陳代謝能也隨之減少，若將此解釋為"易瘦體質"，似乎還拗得過去。

以家父為例，他一輩子沒胖過(※58～61kg，168cm)，年輕時經常打網球，運動量大；60 歲退休後，幾乎天天打網球、練外丹功各 2 小時，食量增加，也沒變胖(※新陳代謝量大)；82 歲以後，停止打網球，但練外丹功改為每天 3 小時，並改吃素食(※入口熱能減少)，還是沒變胖；85 歲以後，體力不如從前，練外丹功減為每天 50 分鐘，睡眠增加(※維生基礎能需求降低)，食量減 1/4，體重稍減。

這一切都可理解，因為當出口熱量(※新陳代謝能)降低時，隨著減少入口熱量，此符合"能量守恆定律"。這大概就是所謂的"易瘦體質"吧！

(5)是否真有肥胖基因或是"易胖體質"？

可能有。減肥專家口中的"肥胖基因"或"肥胖菌"等，是多數肥胖族群樂於聽到的，因為這樣，就有藉口當飯吃，愈吃愈符合"肥胖基因"理論，最後乾脆放棄減肥了，肥胖由他去。

　　人有高矮、男女有別、手指有長短。所以，依常識邏輯思考法判斷，可能真有"肥胖基因"存在。但是，肥胖基因親像是源自"父母胖、子女也胖"的外觀論，其實，"父母胖，子女跟著胖"不全是基因遺傳，追根究底，父母自己不節制、吃太多，也不自覺地強迫子女跟著大量吃。

　　專家將"飲食習慣"解讀成"肥胖基因"，才有賣點。畢竟，兒女一旦從小時候，被父母強迫過量飲食後，腸胃都撐大了，食量也跟著增加，這才是"肥胖基因"的真面目。因此，只要再經矯正訓練，也可以逆轉為"易瘦體質"。

　　理論上，新陳代謝速度慢、腸胃蠕動慢、是胃大腸長、嘴巴與肛門距離較遠的人，均可能易胖；反之則不易胖。切腸縮胃的減肥手術，即是在縮短嘴巴與肛門的距離；食慾(量)減小、加速排泄，加上切掉的腸、胃重量，體重當然減輕。

　　此外，坊間一大堆的 XX 菌、XX 茶、高纖食品等，均暗示(※不能標示)有加速腸胃蠕動、促進新陳代謝或改善體質等功能，因而高價賣，成效可能有，但是否物超所值，則全憑"自我感覺"、自認為有效就好。

(6)吃宵夜易胖？或者愈晚進食愈容易胖？

　　不會。許多減肥專家，建議禁食宵夜，甚至說：「白天吃多沒關係，但晚上九點以後不要進食。」，如果此論點成立的話,唉!又要麻煩愛因斯坦回到現代換眼鏡了!能量守恆定律,OK?

聽過餵食猴子"朝三暮四"的故事吧?餵猴子吃香蕉,由"早餐吃 3 根、晚餐吃 4 根",改為"早餐吃 4 根、晚餐吃 3 根",入口總量 7 根不變,熱量怎可能增加?這是常識邏輯思考法則(※猴子沒人教他常識邏輯思考法則),而專家的解讀,會扯上"新陳代謝論",再演變成"吃宵夜易胖論"。本來一天吃三餐,再增加宵夜餐,才是增胖的真正原因。

曾經有個日本電視的減肥節目,證明吃宵夜易胖的理論;該節目是在每天早餐前,定時為受驗者量體重,並且在吃完宵夜後立即上床睡覺。入睡後,人體消化器官也在打瞌睡,僅剩二成功力,故吃下肚的食物,八小時後仍未

消化，體重自然增加(※尚未消化的重量，也許尚包含未拉屎的重量！)。

另外，該節目的"熬夜易胖"單元，找了一位體重近百公斤的女藝人，她每天僅睡 4.5 小時，在改成每天睡 8 小時的 7 天後(※全天錄影存證)，體重減了 3kg。乍看，似乎印證了"熬夜易胖"的理論，但常識邏輯思考分析後，她之所以會瘦的真正原因是，由每日六餐減為每日四餐，體重當然減輕。

再說，如果"吃宵夜會胖"、"熬夜會胖"、或"太晚進食會胖"理論成立的話，那一拖拉庫的上大夜班及小夜班的人，豈不都是肥胖族群了？大、小夜班，晚上 11 點交班，所以大夜班約在晚上 10 點吃晚餐，小夜班約在晚上 12 點吃晚餐，大、小夜班上班族多為肥胖族嗎？"常識邏輯思考"，OK？

(7)運動可將脂肪(肥肉)直接轉變為肌肉(瘦肉)？

不能。脂肪油庫，是經化學反應而消失，而肌肉是維持人體活動的必要元件，沒有肌肉，人也就掛了。因此，肌肉不會消失。肌肉是經鍛鍊或經常使用而茁壯(※非增加)，否則會萎縮(※非消失)。看看腰部的肥肉就知道了，一筒中圓的游泳圈，可能直接轉為四分五裂的八塊肌嗎？又不是切蛋糕！

(8)每天做仰臥起坐 500 次，30 天後腰圍會變小嗎？

不會。脂肪是內能，因提供熱量而減少，肌肉是靠鍛鍊而茁壯。當每天做仰臥起坐 500 次(※每輪 15～20 次)，因增加運動量而消耗熱量，全身脂肪會依比例減少(※非僅減少腹部脂肪)，但是，每天 500 下的仰臥起坐，30 天後，沒有八塊肌，至少也有四塊肌(※可能尚隱藏在脂肪下層，摸摸看)。而且，除了腹部正面的八塊肌(※學名腹直肌)外，腹部前後左右尚有腹橫肌、腹斜肌、腰肌等十餘種腹部肌肉。

強有力的腹部四周肌肉，可穩穩的 Hold 住腸、胃、肝等內臟。因此，腹部正面不再向外凸，"鮪魚肚"會往橫向發展，縮為"旗魚肚"。但腰圍是量周長，所以，腰圍不會縮小，反而會增加。

(9)減肥時，"少吃多餐"比"三餐定食"有效嗎？

沒效。根據能量守恆定律，沒有用，搞不好，反而是反效果；多少算少？幾餐算多？若沒有總量管制，可能積少成多、吃太多而增胖。但是，若能確實管制少吃多餐的食品總量，雖然無助於減肥，但有助於不會凸小腹。

因為嚴格入口管制的"少吃多餐"，不會撐腸、胃，小腹也就較不會往外凸。就像吹汽球一樣，若將 200cc 及 100cc 之空氣吹入等大的氣球，靜置一段時間，等氣消後，吹入 200cc 空氣的氣球，必然比吹入 100cc 空氣的汽球還鬆弛、沒彈性(※圖 6-4)。每餐吃到十分飽，經常撐大腸、胃，食量也愈大，當腹部肌肉罩不住肥腸後，即使瘦子，小腹也會微凸、下垂。

圖 6-4. 撐大的肥腸如同鬆弛的氣球

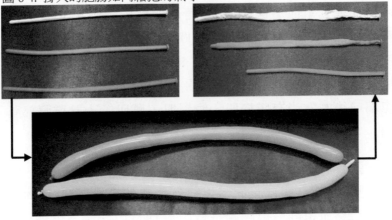

　　再看日本的相撲選手，一天吃五餐以上的相撲火鍋，腸、胃經常性被撐得大大的，因此，退休後的相撲選手，多難以降為健壯型的身材，而多有水桶腰。※日本的相撲選手，平均壽命不到 60 歲，肥胖族群宜引以為戒！

(10)喝冰水、泡冰水池，可以減肥嗎？

　　沒效。國中理化課本有說：「1kg 水溫度升高 1℃，需要 1kcal(大卡)熱量」，這是"喝冰水可以減肥"的理論基礎。冰箱冷藏室標準溫度是 4℃，所以，喝的冰水約 5℃，正常人體內部溫度約 37℃。5℃冰水入口後，途經由食道、胃、小腸、大腸等，被人體吸收或抵達終點站膀胱後，冰水經體溫加熱到約 35℃。也就是說：喝下 1 公斤的冰水約可消耗 30 大卡(kcal)的熱量。

這種溫升及熱量是物理變化，因為緩慢升溫，還輪不到化學變化的脂肪出油。所以喝冰水減肥"沒效"，反而有體重增加、水腫、水中毒的風險(※一次喝水 6 公升，即可能死亡)。水 1 公斤是 1,000c.c.，能持續喝多少？

三溫暖冰水池約 7～10℃間，第一次下池的，多撐不了 10 秒，泡冰水池跟喝冰水一樣，是短時間的降溫物理變化，而且體溫持續下降時，新陳代謝率亦持續下降，所以泡冰水減肥，沒效。

(11)喝熱水、泡熱水澡，可以減肥嗎？

聽說有效。因為可以促進血液循環、刺激交感神經、活絡新陳代謝機能，這是愛泡熱水澡的日本專家說的。不過，老朽感覺有一點點兒奇怪的是，如果前述"喝冰水、泡冰水澡"會消耗熱能而減肥，那"喝熱水、泡熱水澡"，人體不會接受熱能而增胖嗎？

熱水池水溫約在 39～42℃間，高於人體皮膚表面溫度(約 35℃)及人體中心溫度 37℃。國中理化課本也有說：「熱量是由高溫體傳向低溫體」。因此，泡熱水澡是人體持續被加熱，在熱水池中，身體無法出汗，使人體的新陳代謝功能大亂，因而心跳加速、血壓升高。可能是"心跳加速"會消耗熱量，而成為泡熱水澡可以減肥的理論基礎。

但是，全身在熱水池浸泡 5 分鐘，就可能會泡昏了頭，兩害相權取其輕，不要因為要減肥而泡熱水澡。※泡熱水

澡宜以肚臍為界，留上半身散熱用。

那烤箱呢？烤箱溫度約在 80～120℃間(※空氣的比熱及密度，均遠小於水，不會燙傷)，此溫度遠高於人皮膚表面溫度，所以，進烤箱約 2 分鐘後，除心跳加速、血壓升高外，還會迅速出汗。因此，在烤箱內，人體損失水份的速度，遠快於脂肪燃燒的速度，出烤箱後減少的體重，多為水份重量。※進烤箱前後均宜喝水補充水份。

(12)飢餓減肥法，會先瘦肌肉而非脂肪？

不會。減肥一旦扯上"新陳代謝"，就沒完沒了，因"新陳代謝"一詞，就是減肥專家的「模糊地帶」，想像空間大，可供減肥專家自由發揮。肌肉是經鍛練而茁壯；若僅經常使用，則小壯，若臥病在床等廢而不用，則一點兒也不壯，萎縮到不行，但依然存在，因為它是維持筋骨活動的必要元件，不會消失，只是會隨著年齡增加而逐漸萎縮。

確實有專家說："飢餓減肥"會讓脂肪產生危機意識(※脂肪有腦會思考？)，會為下一次飢餓作準備，而限制脂肪的燃燒，並啟用貯存在肌肉的熱能，肌肉因而消失(※肌肉的腦比較笨？)。

老朽沒有參加過"飢餓 30"活動，不過，是經常性早、晚餐的時距 12 小時(※因為不吃午餐)。"飢餓減肥"重點，不是在餓到發暈，而是在限制入口食量及熱量。新陳代謝中的基礎能及肌力能，光靠脂肪、肝醣還有水份等，常人至少可維持三天不嗝屁。※飢餓減肥符合"不吃最瘦"的減肥終極準則，但必然傷身！

看過大衛布萊恩表演過的水中、高壓電球中、冰塊中及高空中的魔術嗎？與其說是魔術，不如說是毅力挑戰，光靠喝水(※是否偷加營養素就不知道了)，就能撐 3～7 天。

(13)一天吃兩餐，用餐時距長，會越減越肥？

不會。能量守恆定律！只要入口總量不變，嘸差！但是，習慣於一天三、四餐者，需經過一段適應期(※約 300 天)，逐漸調整(※必要時偷吃一點點多纖、少糖、少鹽的餅乾，才能改為兩餐制)，兩餐之時距間，需適時喝無糖飲料。※老朽約在 45 歲時，開始只喝開水或無糖綠茶，經過 10 個月才徹底改成一天兩餐。

此後習慣成自然，25 年來不吃午餐。若有人請吃午餐，則不吃晚餐。當然，免錢午餐，難免吃太多，只好連續三天多跑 1 公里或不吃甜點。

另外，有"早餐要吃飽、午餐要吃好、晚餐要吃少"的論調，請問：吃飽幾分飽？吃好要多好(※燕窩 ⊕ 魚翅)？吃少要多少？

有專家建議以熱量區分：4：4：2；例如，進食總熱量 2,000 大卡，則就是早餐 800 大卡，午餐 800 大卡，晚餐 400 大卡。此是基於"過午後，人體新陳代謝功能會逐漸下降"的理論，認為吃進過多的食物來不及消耗，而轉為脂肪囤積。P.S：也有專家建議以 3：2：1 區分。

依常識邏輯思考法則判斷，這種理論似乎站不住腳；新陳代謝功能下降時，確實基礎能的消耗會減少，但另一方面，人體胃腸等消化器官，將食物消化而轉為熱能的功力也減弱，因此，來不及消化、轉為熱能的食物，將延後消化或成為廢物排泄，而非脂肪囤積。

(14)減肥可能"只瘦腰圍、不瘦胸圍"嗎？

不太可能。有不少減肥專家說：「瘦腰、瘦臀、瘦下巴、瘦手臂、瘦象腿、瘦蘿蔔腿、瘦臉，隨你挑」。除非是抽脂或動手術，否則不太可能。有些減肥錄影片，曾 show 出，經指壓、按摩、轉一轉、彎一彎或打一打，三、五分鐘後就瘦下來的奇蹟，比劉謙魔術還神奇。可能嗎？

用膝蓋想也知道不可能；這種神奇瘦法，充其量只不過是攝影技巧的幻覺，或是人為操作，使之暫時變形而已(※圖 6-5 是同一肚子"吐氣"及"吸氣"狀態，腰圍相差 12 公分)。

皮下脂肪存在皮膚的下層，在腰、腹、手臂、大小腿及臉頰等軟趴趴的地方，會堆積較多 (※內臟脂肪老朽不懂，留給專家解讀吧)。減肥時，脂肪也依囤積處的脂肪百分比，依比例消失，例如，腰部脂肪佔 10%，臉頰脂肪佔 1%，當運動、脂肪燃燒消失時，腰部與臉頰的脂肪，也依 10:1 的比例消失。所以，大概要瘦 3 公斤以上，才能感覺到臉頰變瘦。

圖 6-5. 吐氣、吸氣的腰圍比較

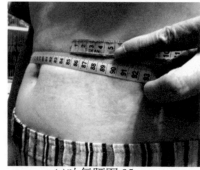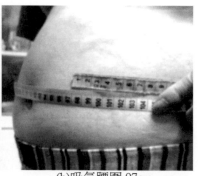

(a)吐氣腰圍 85cm   (b)吸氣腰圍 97cm

(15)"節食減肥",會先瘦肌肉而不瘦脂肪嗎?

　　不會。專家說:「除了脂肪油庫外,食物中的葡萄糖、蛋白質等營養素,會儲存在肝臟及肌肉內,做為戰備能源。當飢餓過頭,脂肪來不及燃燒供熱時,會先啟用首批戰備能源－肝醣,約可用 15 小時,萬一快掛了,肝臟會向肌肉請求支援,肌肉就十萬火急地分解營養素,肌肉因而萎縮,而脂肪老大隔肉觀火,一點兒也沒減少。」

　　這種醫學知識,老朽不懂,醫師說了算。但是,"節食減肥"又不是參加"飢餓 30"活動,只是減少食量而已,即使是兩餐制的節食減肥法,兩餐時距不過 12 小時而已,脂肪油庫供熱就綽綽有餘,還不必啟用戰備能源吧?

(16)只有"有氧運動"才能減肥嗎?

　　好像不對。專家一哥說:「儲存在肝臟與肌肉的肝醣等營養素是"即時熱能"，不需燃燒，可隨時提供新陳代謝所需的熱能，脂肪是"戰備熱能"，需啟動燃燒機制才能供應熱量。」，這種說法是"有氧運動"的法源依據，但和前一專家的說法，剛好相反。

專家一姐，則將"有氧運動"(aerobic exercise)定義為「凡能促使脂肪燃燒的動作，均為"有氧運動"，故"無氧運動"不存在」。

專家二哥說：「凡能使心跳速度在 110～130 PPM 間的運動，稱為有氧運動。所以，快跑衝刺、健美舉重訓練等不是有氧運動。」

專家二姐接著說：「用氧氣燃燒脂肪而產生熱量的運動，為"有氧運動"；醣類等不需用氧氣助燃而產生熱量的運動，為"無氧運動"。」，看倌們，您相信那一種？

並不是只有跑操場、上健身房、或上有氧舞蹈教室的運動才是有氧運動。回顧公式 6.1 及公式 6.2，不管快動、慢動都是動，只差所花時間的長、短而已。

尚能跑跳碰者，有氧舞蹈、騎馬舞或街舞等均是好運動；只願意勉強動一動者，太極拳、外丹功、交際舞等緩性運動，都是不錯的選項，如果都不會，也沒關係，30 歲以上的人，應還稍記得以前小學時，師生一起在操場做的"廣播早操"吧？"1－2－3－4，5－6－7－8，2－2－3－4…"的慢節拍"廣播早操"，這種暖身健身操，全身筋骨都動一動,可確保身體柔軟度,是極佳的"有氧運動",只可惜,因為不新潮、沒賣點、無商機,已少有人做了。

1970 年代以前,人們顧腹肚都來不及了,因此,只有勞動,沒有"減肥運動"。1990 年代以前,運動就是運動,沒有所謂的"有氧運動",直到"有氧舞蹈"流行後,才冒出"有氧運動"一詞。

不怕您見笑!寫此書之前,老朽對"有氧運動"的概念,僅止於穿著緊身衣、跟著快節奏音樂跳動的"有氧舞蹈"而已。看了近 10 本減肥書後,才真正了解,原來減肥的"模糊地帶",確實寬廣無比,減肥專家,也跟立場不同的政客一樣,對於同一件事,可有不同的解讀。

(17)健美/舉重及短跑衝刺等運動,可以減肥嗎?

可以,但是…。確實有減肥專家跟前題的專家二哥一樣,將健美/舉重及短跑衝刺等短時間、高壓力的運動,視為不能減肥的"無氧運動",這種說法是基於,需有氧氣才能燃燒的脂肪燃燒論。但也有專家說:「鍛練大塊肌肉,可以培養"易瘦體質"」,這種說法是基於維持肌肉活力,需消耗肌力能的理論。雙方立場背道而馳,但似乎都有道理,再度淪為"矛、盾大對決"的局面。

健美/舉重是肌肉的耐力訓練,針對某部位肌肉進行間歇性的反覆壓力強度訓練,每一輪動作做 10~15 次,約休息 3 分鐘後,再做下一輪,如此反覆做 N 輪,每一輪動作後，心跳速度仍低於 130BPM，也少流汗，因而被視為"無氧運動"。

再看 100～400 公尺的短跑衝刺，在數十秒的超快跑後，下氣不接上氣，因而被視為"無氧運動"。然而，健美/舉重與短跑衝刺，均能使肌肉的纖維變粗，亦即是一般專家說的"增長肌肉量"，而使新陳代謝能的肌力能消耗量增加。

再比較馬拉松與短跑選手的大、小腿；馬拉松講求續航力，跨步較小，其大、小腿雖有肌肉，但為細纖(維)肌肉，不突出；短跑講求爆發力，跨步要大，其大、小腿為粗纖(維)肌肉，所以短跑選手之腿肌肉比馬拉松選手粗壯許多。

健美/舉重與短跑衝刺，或許是"無氧運動"，但只要有動作，就有熱量消耗，也能增加新陳代謝的耗能，其身體質量指數(BMI)雖然可能高達 27 以上(※輕度肥胖)，但其體脂肪率可能 ≦22%(※≧25%(男生)才歸類為肥胖。然而健美/舉重與短跑選手，訓練一旦終止，且食量未減少，均可能進階為"減肥族"。※肌肉是因鍛煉而茁壯，但脂肪不只會因運動而減少，會因少吃而減更快。

(18)壓力大，會成為易胖體質？

似乎不會。只要找不到明確病因的疾病，幾乎全找"壓力"來揹黑鍋；暴食症、厭食症、禿頭、憂鬱症、青春痘、脂漏性皮膚炎…，均怪罪於壓力。壓力不是現代人的專利，那些貧窮落後國家，很多人有一餐沒二餐的"生存"壓力，

比現　代人的"生活"壓力大太多了。

　　每次看 Discovery 或國家地理頻道,介紹待救濟的貧窮國家或飢荒難民營時,老朽都會迅速瞄過螢幕,希望能在群眾中看到一些肥胖族群,以證實老朽的常識邏輯思考法則有誤。結果,不意外的、看不到。因此,減肥族不要再把"壓力"、"肥胖基因"或"易胖體質",當成肥胖的藉口。

(19)做愛做的事,可減肥嗎?※限制級,兒童不宜!

　　好像可以。有專家說:「做愛做的事(Make Love),會消耗熱量,可以減肥!」。話這樣說沒錯,不過,還有一個條件沒說,就是需為"一夜三次郎"。依實測數據,做愛 10 分鐘,心跳可達 120BPM、脂肪在閃火點燃燒的程度(※"馬上風 "嗝屁的,大概已達著火點燃燒的程度吧?)。問題是:「您行嗎?」,唉唉唉!老朽不行!(※頭低低的),"6 點半 "的老查埔,"三月一次嚷",只剩一張嘴,臭屁用而已!

(20)當體重持續增加時,哪種減肥方式最佳?

①游泳、②素食、③減肥藥、④抽脂手術、⑤食量減半

　　答案⑤。題目強調體重持續增加,表示每天的入口熱量,仍高於出口熱量,因此,只有②素食與⑤食量減半是可能的選項;素食是不少減肥　族的選擇,一般而言,素食食品的熱量,多低於葷食食品的熱量,因此,在開始減肥的 30 天內,體重會減輕,但減肥效果仍少於食量減半。原因在於素食為彌補無肉類養份的缺點,多會使用較多的

植物油。

　素食炒麵或炒飯，因為很油、很香、很好吃，而油脂正是熱量的來源、脂肪囤積的要素。※老朽的素食友人，仍有三高問題(※可能偷吃肉？)，去年才小中風而不良於行。

　素食用的植物性油，其粗脂肪含量與動物性油不相上下，每100公克的熱量高達880大卡以上。所以，一盤400公克素食炒麵，熱量可能高達900大卡。這可能是出家人或素食者，也有肥胖困擾的原因吧？因此，⑤食量減半(或者減 1/3)的選項優於素食。其他游泳、減肥藥及抽脂手術之選項，已敘述於前(1)、(2)及(3)題中，不再贅述。

6-5. 私房減肥秘笈大公開

約在 58 歲時,老朽由減肥族轉為抗肥族(69±1kg, 169cm)後,就發誓再也不要胖回去,當時,立即把皮帶減短,只預留 1 孔,並謹記減肥終極準則:「不吃最瘦、要吃減半!」,嚴守能量守恆定律,且養成隨時挺胸、縮小腹的習慣,避免腸胃鬆垮、下垂凸出。腸胃空間縮小,少吃就飽。

老朽每天晚餐前,以有小數點的數位型體重計量體重(※減肥不能斤斤計較,而是要克克計較),隨時提醒自己"正在抗肥中"。若體重增加超過 300g(公克),即"反省、檢討、矯正",必要時,最有效的矯正方法,就是"減少入口量",連續五天不吃甜點、零食,即可回復正常。

在家裡,早餐僅喝 400cc 豆漿或低脂鮮奶,不吃午餐(※如果有人請吃午餐,則不吃晚餐),晚餐時,均將所有想吃的飯、菜全放入一只不鏽鋼小碗公,食物總重量是 400 公克(※圖 6-6),再喝 150cc 湯(≒150 公克),為避免吃太漲、撐大腸胃,半小時後,看電視時,再吃 100 公克水果(※不喝果汁)及偶爾吃吃 50 公克的甜食或堅果,其他入口的僅是開水或無糖綠茶,1 天約喝 1,800cc(※6 杯 300c.c)。

圖 6-6. 不鏽鋼小碗公&一般碗

(a)400g 菜飯　　　　　(b)150g 米飯

此外，勿以為水果有益健康而多吃水果，水果熱量多在 60 大卡以下，但積少成多、熱量驚人。以葡萄為例，約 10 粒就有 100 公克，57 大卡，若不節制，通常隨手一吃，就有 120 大卡，若是喝純葡萄汁，則更驚人，因已濾除渣質、纖維等(※如圖 6-7，600g 葡萄打成汁僅剩 450g)，較無飽足感，順口一喝就是 450cc，其熱量高達 250 大卡以上。因此，以喝果汁取代吃水果，可能是減肥不成功的原因之一。※宜養成看果汁包裝的熱量值，才會嚇嚇自己，少喝一點。

圖 6-7. 葡萄打成汁，重量減少 1/4

早、晚餐時距 11 小時，但因斷續喝水，即使下午五點半慢跑，也不覺得餓。多年來體態不算輕盈，但至少不胖(※BMI23.9，小於衛生署的過重建議值 24.0)，老朽的腰圍正好 90cm，也勉強符合專家說的男 90cm，女 80cm 標準。但亦有專家說，男 85cm，女 90 cm，搞不懂為什麼女生的腰圍標準反而大？(※老朽取大值，否則要去動變性手術了)。

老朽住大廈四樓,不搭電梯,每天走樓梯來回 3 趟。常利用看電視的廣告空檔,做"廣播早操",雖已忘了正確的順序與招式,但"五、六不離十",差不多像就可以,動動筋骨,才不會在遇到災難或火災時,才說:「腳麻去,是袂按哪走?」

至於運動,只是加減動,每週頂多(7km/h)慢跑 30 分鐘×3 次。跑步前,做類似"廣播早操"的軟身運動 5 分鐘,加上 45 度角扶桌挺身 30 下×2 次(※扶地挺身太累)、仰臥起坐 20 下×3 次,雙手膝蓋、上下起蹲(※不跳)20 下×3 次,最後,再赤腳走路 5 分鐘。如此,五十分鐘的"有氧運動",約可消耗 300 大卡的熱量,用來抵銷晚上看電視吃零食的熱量。但是,若當天不慢跑,則晚上不吃零食。

★ "運動減肥"需要恆心及毅力,不簡單!

慢跑、走路、跳舞等任何運動,均會增加新陳代謝能的消耗量,多少對減肥有幫助,不過,運動方式確實會影響減肥效果。

慢慢跑時,宜前腿腳掌著地、後腿腳尖離地的小步跑方式(※大步跨,助長大腿肌,腳尖著地助長小腿肌)、慢慢跑 30 分鐘時速 6.6km/h,肌肉增長有限,也能有效的燃燒脂肪。

盡量將有助於脂肪燃燒的小動作,融入生活習慣中,以稍減辛苦的減肥運動。人之所以為人,就是因為會偷懶、沒恆心、無毅力！因此，身為人的一份子，要減肥就要偷懶；要偷懶就要將運動融入生活行為中，經常性動一動。

譬如說：走路 15 分鐘可到的，不騎車；走樓梯不坐電梯；搭捷運或公車時，只站不坐(※提早一站下車也不錯)；散步走改為甩手快步走；而本來騎機車的，改騎腳踏車(※是說給您聽的)。不論走路或坐著，想到就挺胸說小腹。如此，一天下來，約可比一般上班族，多消耗 200 大卡的熱量。

減肥者稍安勿躁，適當的減肥速度，約為每 15 天減重 1 公斤，以 7500 大卡相當於 1 公斤脂肪來計算的話，每天約需減少 500 大卡的入口熱量。

為明確掌控入口熱量，建議您，每天三逛超商，購食有標示熱量、重量的早、午、晚餐，只要

"入口總熱量≦(新陳代謝熱量×0.8)"，減肥沒有不成功的道理。

6-6. "營養調理"並非減肥的必要條件

通常，只要不偏食、各種食材輪流吃，就不會有營養不良的問題，只會有營養過剩的肥胖問題。老朽有幾位 90～102 歲的親戚長輩，年輕時，吃苦耐勞過生活，老年時，也未吃過藥膳養生餐，連維他命丸都沒吃過，照樣活的好好的。所以，老朽不相信營養調理或藥膳養生之類的理論。

根據衛福部的調查報告，台灣是亞洲第一肥，肥胖率、肉類消費率及缺乏運動率均是亞洲之冠，49%成人男性，38%成人女性及 30%兒童，不是過重、就是肥胖。因此，食品營養調理的重點是，入口食物要少鹽、少油、少肉、多纖維，並且不偏食，加上入口熱量管制，才能避免肥胖上身，掉入高血壓、高血糖、高血脂與高膽固醇的代謝症候群深淵中。

在衛福部食品藥物管理署的網站中，可查到一些常見食品之成份表，包含熱量、水份、粗蛋白、粗脂肪、碳水化合物、膽固醇、粗纖維及膳食纖維等主要成份，其他如各種礦物質及維生素等成份。

食物纖維有粗纖維及膳食纖維之分，多存在蔬菜及水果等中。粗纖維為非水溶性纖維，有助於增加腸內之食物及殘渣的流通速率，即許多飲食所強調的"促進腸胃蠕動"功能。膳食纖維為水溶性纖維，有助於排除體內膽固醇及降低食物消化速率。

　　含纖維的蔬果類食品，熱量較低且易有飽足感，是減肥族每餐必吃的食品，但聽說也有缺點，例如吃太多的粗纖維可能便秘，吃太多的膳食纖維也可能腹瀉。只是多少算是"太多"，專家沒說，所以老朽也無法道聽途說。

　　核桃、杏仁、腰果及花生等堅果類食品，熱量高，每100公克含量多在550大卡以上，但是，堅果含有不飽和脂肪酸、細纖維及多種礦物值及維生素等，且有平衡肉品的飽和脂肪酸，降低膽固醇等功效；有益健康，但多吃鐵定會胖，因而面臨"兩害相權取其輕"的問題。圖6-8是杏仁、腰果及花生每50公克的份量，腰果約35粒、杏仁約45粒、花生約60粒，即重50公克，熱量各約300大卡。

　　老朽幾乎是天天輪流吃杏仁、腰果及花生，本書寫到此才了解，老朽雖然一天僅吃兩餐，早餐食量400公克、晚餐600g，但體重難以再降低，是因為堅果吃太多；每天吃100公克以上，熱量高達600大卡。此後，老朽的堅果食量，以50公克為上限，而且不慢跑則禁吃，約30天後，體重減低0.6公斤，但膽固醇是否增加，不得而知。

圖6-8. 每50公克堅果之粒數

腰果35粒　　　　　杏仁45粒　　　　　花生60粒

★以飲食習慣培養易瘦體質

人體消化食物，一方面產生熱能，另一方面也消耗熱量(※屬於基礎能)，這是新陳代謝的領域，是專業知識，老朽不懂。專家還說：「進食時要先吃蛋白質類，再吃碳水化合物類，這樣才不會讓脂肪無法完全燃燒而囤積，也比較不會有飢餓感而吃太多。」，這個，老朽還是不懂，但是"…而吃太多"，老朽懂，就是"入口食量管制"。

依物種進化論的理論，如果真有肥胖基因存在的話，至少應該是從阿嬤的阿嬤開始，都是肥胖者，再經過五代的基因進化，才會誕生肥胖族群，這似乎是阿婆生子、正拼咧！所以，不要再把"肥胖基因"拿來當藉口了。

飲食習慣才是"胖來瘦去"的關鍵；每天吃五餐的大隻佬，及三餐不繼的難民，若兩者的飲食對調，即可肥、瘦逆轉。事實上，易胖體質或易瘦體質只需一、二年的培訓，即可成功。而且"來得快、去得也快"，一旦接受逆轉訓練一、二年，又會叛變回去。

"超量進食"絕對是減肥族的最大敵人，故需嚴格管制入口食量。每餐總食量≦500公克，即不會撐大腸胃。並養成隨時挺胸說小腹的習慣，習慣成自然後，腸胃空間說小，易有飽足感，就不會吃太多。

因食物入口後，3/4 的時間，在小腸、大腸內消化分解，有足夠水份，才能避免食物或廢物，在小、大腸內，乾燥、硬化、呆滯成便秘，並宜經常小腹凸、凹深呼吸 & 按摩小腹，協助小大腸蠕動，使"宿便"轉為"順便"，24 小時內排出。如此，即可培養出易瘦體質。

　　有影視名人、醫生出書，提倡「168 斷食法」及「52 斷食法」的減肥法，「168 斷食法」係指長達 16 小時(例如 20：00〜12：00)不進食(※只喝水)，來促使多餘脂肪燃燒，而「52 斷食法」係指每週五天正常飲食，二天進行輕斷食(※此 2 日僅攝取 600 大卡的飲食)，在輕斷食的 2 天，來燃燒多餘脂肪。這兩種減肥法,基本上均符合「能量守恆定率」，但是,若沒有入口總量管制,Input 多於 Output 時,照樣胖。當然,如果是這麼簡單,就沒有商機,無利可圖；所以,必然會有附帶的飲食運動方法,才有足夠的內容來寫書。切記,「能量守恆定率」減肥法的不二準則是：「不吃最瘦、要吃減半」,其他多是為了增加商機的包裝手法。

　　上班族每天的新陳代謝熱量,男生約 2,000 大卡,女生約 1,800 大卡。而一般人的正常食量約 400〜600 公克(※在"吃到飽"餐廳用餐,多會吃到 2,500 公克,撐到 4,000 公克即屬於大胃王等級,可以出國比賽了)。減肥族應禁止進入"吃到飽"餐廳；為了"撈本",多會挑吃肉類、魚類等高單價、高熱量食品,故入口熱量高達 5,000 大卡以上。因此,吃一次"吃到飽",可能會胖 0.6 公斤。原則上,

　　　　抗肥族：入口熱量≦90%新陳代謝熱量(≒1800 大卡)
　　　　減肥族：入口熱量≦80%新陳代謝熱量(≒1600 大卡)

Chapter 7

專家：專門整人家！

第七篇 專家：專門整人家！

「專家」是術業有專攻，以科學數據服人的專業人士，然而，人難免有政治立場，有利害關係；因此，專業擺一邊，立場利益放中間，即使沒有立場、利益之衝突，也可能有偏見與私心，因而有了各種類型的專家。

有人戲稱"專家是專門害人家"，其實，"專門害人家"並不厲害，因為您上當一次，學二次乖，不會再上當。專門整人家的專家才厲害，因為即使您知道受騙了，但專家會馬上硬拗出另一套冠冕堂皇的理由，來說服您，於是您一再受騙。※被人騙了，還鞠躬道謝、幫忙數鈔票。

在公共工程委員會，約有 4,000 多位各種的學者、專家資料庫，供各機關找評審委員用，這些評審委員專家，並非全是學有專攻(※專長可自行勾選)，只要有機關、學校及建築師、技師等公會推薦，即可當專家(※人數太多時就抽籤決定，跟立法委員搶當熱門委員會的委員一樣)。然而，機關採購案卻依然存在著"御用評審委員"，有些專家一年可當超過 100 案的評審委員，幾乎是一半的上班日子均在當評審委員賺外快，不知是哪個單位有這樣的肥缺？外出當評審時，是請事假？公假？還是尚可領出差費？

7-1. 五種類型話專家

老朽有個毛病，就是對任何專家的(節能)評估報告，均抱著懷疑的態度，這實在是有原因的；早在 1985 年，老朽在美國攻讀碩士時，有幸得到美國冷凍空調大師 Dr. Ace 的指導。有一次，Ace 大師承接某大醫院的空調節能改善案，包含計算早產兒育嬰房的空調負荷；在依大師指示、輸入參數後、以電腦計算出的電熱需求值，比既有電熱器之電熱值約高 3 倍，明顯不合理。※當年沒有個人電腦，需在終端機螢幕寫完程式，再傳送至電腦計算中心，隔天才能拿到列印資料。

於是去請示大師，半天後，大師改了某些原是不可變更的參數，重新 RUN 電腦後，計算出的電熱值，比既有電熱值稍小，表示既有電熱器沒問題，只需要依原規格換新即可。當時，並不覺得有什麼不對，依照大師的指示做，就對了！

回國數年後，當過幾位冷凍空調專家的跟班、看過他們的量測報告，但發現報告中的數值，與實際量測值不同，或是從許多量測值中，篩選適用的數據；或者，即使因礙於現場而無法測得流量、溫度等數據，也會參考空調設備的技術資料，編寫評估報告。專家解釋說：「沒辦法，上級一定要看報告，或者量測值不符合(老板)需求，需要修正數據」。從此以後，老朽的(評估報告)疑心病愈來愈嚴重，就再也找不到心理醫師專家治療了。

老朽不是專家，只是喜歡冷眼旁觀專家們的節能評估報告，對於"專門整人家"的專家，抽絲剝繭後，可歸納出下列五種類型的專家：

(1)預設立場型專家

　　某名醫之兒子說：「老爸！我已學成歸國，您可跟老媽去環遊世界了！將醫院交給我負責即可！」，名醫說：「你行嗎？」，兒子說：「沒問題！我是留德醫學博士！」。於是名醫夫妻環遊世界去了。

　　半年後回來，兒子迫不及待地告訴名醫說：「老爸！你好爛哦！我只看了三次門診即把隔壁王伯伯多年痛風治好了，他說老爸的藥雖然有效，但就是不會根治。還有，李大嬸也說，她的偏頭痛吃你的藥很有效，但就是三不五時痛一次！我只開了一次藥方，二週後李大嬸就不再頭痛！她直誇我的醫術比老爸好！」。

　　名醫聽後淡定地說：「傻兒子！你知道出國留學十年的學費，老爸是怎麼辛苦賺來的嗎？」

★預設立場型專家之例證

　　收賄、或是插暗股、或是礙於人情等偏私的評審委員，是典型的預設立場專家，想想看，如果某教授承接企業界的委託，對其產品進行性能評估(※收評估費或顧問費，不算收賄)，但吃人的嘴軟、拿人的手短，教授能做出不利於產品性能的評估嗎？

　　數年前，某汽車省油晶片廠商，以香港某大學及台北某科技大學之評估報告作宣傳，而被公平會罰款即是例證之一，這不是個案。產品廠商找學術單位背書，有利促銷，教授有評估企劃案進帳，互蒙其利。因此，這種預設立場的評估報告，即使不捏造數據，也多會篩選數據。※內行人都知道，教授所作的(節能)評估報告數據，多是參考廠商提供的資料。

有一次，老朽到某私立健檢醫院做健康檢查，檢查完後，醫師邊看體檢表、邊說：「依體檢結果來看，你的體脂肪及膽固醇均稍為偏高，而且有點脂肪肝，要注意哦！平常要多運動(※老朽每天慢跑 3 公里，每週 5 次)，再吃一些堅果(※老朽每晚必吃核桃、腰果或花生約 100 公克)，最好再吃點維他命丸及鈣片。(※老朽每隔一天克補鋅、鈣片輪流吃)，這樣子好了，你到隔壁間的健康養生部門，營養師會告訴你如何保健。」※莊孝維！不要唬爛了，想推銷產品就直說。

約 20 年前，老朽曾參加高雄某公家機關「空調節能改善規劃設計案」的最有利標，輪到老朽作簡報時，一看到某位台北來的教授評審，老朽立刻宣布棄權走人，並留下預言：「這個設計案會由 XXX 技師得標，不用浪費時間了」。開標後，果然是由該位技師得標。"由評審委員知結果"，這種"預設立場"的專家並非個案，尤其在政府部門的環境評估及某些特定採購案，多的是預設立場的"御用評審委員"

再看看不斷演出的戲碼；每逢有石化廠、電廠等建設案或是核能電廠議題時，政府派的專家團隊(※經濟優先)與環保派的專家團隊(※環保優先)，所提出的環境評估或是安全性評估，必然是兩極對立的，意外成為注目焦點的「大潭藻礁公投案」，不就是如此？。※道不同不相為謀，預設立場，各找各的專家團隊，各自解讀，永無交集。

(2)道聽塗說型專家

在影視、網路尚未普及前，某大師經常受邀到各地演講(※少有人看過大師)。某日他在演講前突然感到不舒服，跟隨大師多年的司機說：「那您就坐在台下休息吧，老朽替您演講好了！」，大師疑惑地問：「行嗎？我講的東西很專業耶！」，司機說：「放心！您的演講我聽了近百遍，早就背熟了。」。

於是司機上台演講二小時並博得滿堂彩，最後司機對觀眾說：「各位如有問題請發言，我先逐一記錄再統一回答。」。在聽眾提出問題後，司機說：「這些問題很簡單，我請我的助理上台為各位解說，我肚子有點不舒服，要上洗手間。」

★道聽塗說型專家之例證

某位本業與空調無關的專家，因為經常一起參與工廠的能源查核工作，聽多了空調專家的簡報說明之後，不知不覺中就成為"道聽塗說"型的空調專家了。

例如，聽說中央系統用的大型水冷式冰水機，其性能係數(COP)比窗型及分離式冷氣機的 COP 高一倍以上，於是建議某國營企業的高層，廢除窗型及分離式等小型冷氣機，全面改用冰水機。雖然大型冰水機COP比窗型等小型冷氣機之 COP 高一倍以上是事實，但是⋯。

註：對同一機型之冷氣機/冰水機而言，COP 或 CSPF 愈高，則愈省電，但是不同機型與容量的冷氣機，各有不同的適用場合，*不同機型不宜比較 COP*。因為冷氣機/冰水機之冷媒管/水管/風管有傳送損失及轉換損失等，依**熱力學第二定律**，對整體空調系統而言，*冷氣機的省電順序：①窗型冷氣、②分離式冷氣、③中央空調冷氣*⋯詳見拙作「空調節能流言終結者」第一篇。圖 7-1 是某商務旅館將中央空調系統改用分離式冷氣省電 40%的案例， 10 層樓建築之後

圖 7-1. 某商務旅館之分離式冷氣機牆

陽台，掛了約 120 台分離式冷氣的室外機，頗為壯觀，事實上，如果能用窗型冷氣機，可以省更多(※正面不能安裝冷氣機，也無窗型冷氣孔)。*為了節省冷氣耗電，權責單位宜規定「外牆房間的住宅大樓，應設窗型冷氣安裝孔」*。

約半年前，友人送了一棵矮種木瓜苗，老朽將此棵木瓜苗種在面寬 60 公分的舊花盆中，2 個多月後就開始開花，但是，再經過一個月卻仍不結木瓜，於是就上網路找答案，

大部份網友提供的答案，不外是「在接近木瓜樹幹底部釘鐵釘，或用刀片劃刻痕，讓木瓜產生"危機意識"，就會結木瓜」，有些熱心網友亦提供樹幹釘鐵釘照片,證實確實如此。

2014 年上演的 KANO 電影，是描述台灣日據時代，嘉義農校的棒球隊力爭上游，得到全台冠軍並遠赴日本，參加甲子園高中棒球錦標賽的故事，其中，有一段教練為激勵球員，帶學生到木瓜園，指著木瓜樹根處的鐵釘說:「木瓜樹因受到侵害，激發出"生存的危機感"，才拼命長大，結出又大又甜的木瓜」。

KANO 電影的"木瓜危機意識"理論，確實有鼓舞球員面對困境時，保持奮戰不懈的激勵作用；然而，這種"釘幾根鐵釘就讓公木瓜變性為母木瓜"的理論，似乎不符合"常識邏輯"。因此，老朽決定暫時不釘鐵釘,再等一個月看看，果然不出所料，再等了一個多月之後，盆栽開始結出第一顆木瓜，過了兩個月之後，又陸續長出 4 顆木瓜，種了 5 個多月的盆栽木瓜樹，才長出 6 棵木瓜，只是木瓜果大小不一，最大如金煌芒果，最小如小草莓，比圖 7-2②之專業種植的木瓜樹差很多。

為了確實了解木瓜開花、結果的過程，最後總算在由**農委會台南區農業改良場**(2020 年 4 月)編印的「木瓜栽培管理技術」中找到答案，如圖 7-2 所示，原來木瓜(種苗)分為雄株、雌株及兩性株，雄株只開花不結果，在種苗栽培場時，即已被摘除淘汰，市售的木瓜種苗多為兩性株(※能自花授粉)，會開花、結果，只是可能因低溫(※寒冬)或營養不良時(※未施肥)，木瓜會自行調整而延後結果實時間，以維持生命(※符合常識邏輯)。

　　也就是說，兩性株或雌株(※需有授粉源)的木瓜樹，不管釘不釘鐵釘，在 130～160 天之後均會結出木瓜，而雄株木瓜，不管釘幾根鐵釘，也不會變性成為會結木瓜的雌性木瓜樹。因此，"木瓜釘鐵釘才會結果實"，只是"瞎貓遇上死耗子"的眼見為憑事實，應屬於"道聽塗說"型專家的認知。

圖 7-2. 木瓜開花結果

雄株木瓜樹開成串之雄花，不結果。　　兩性木瓜樹，木瓜呈長橢圓形。

香蕉形果　　正常果　　五裂形及畸形果

兩性木瓜樹所產生的木瓜形　　兩性木瓜樹具單枝雄雌蕊，能自花授粉結果。

資料來源：農委會臺南區農業改良場技術專刊「木瓜栽培管理技術」109-1 (NO.173)

(3)斷章取義型專家

心理學權威賈博士到張三家作客，飯後，賈博士看見張三年僅 4 歲多女兒的畫說：「畫是小孩內心思想的表現，你女兒將畫全部塗成一片黑，表示心理有異常，若不儘早治療，長大可能人格分裂！」

賈博士離開後，張三心想專家的話錯不了，緊張得不得了，於是小心翼翼地問女兒說：「寶貝，你怎麼把整張畫全部塗黑呢？」。女兒回答說：「本來花花、小鳥、還有房子，我都畫得好漂漂，可是太陽下山、天黑了，全都看不見，我只好全部塗黑啊！」

★斷章取義型專家之例證

有專家常把國外知名學術機構的資料當成聖經，偶而會斷章取義，提供不當的節能方案。

例如，學術界的某冷凍空調專家，部份引用(※斷章取義)美國冷凍空調工程師學會(ASHRAE)之資料，證明某機關之既有 600 噸(RT)冰水機的 COP，比目前新冰水機的 COP 低 25%，建議機關首長汰換，首長也果真依教授的數據分析報告汰換了；汰換總費用高達 1,000 萬元以上，一台可用 30 年以上的冰水機，只因為學者專家"斷章取義"的評估報告，僅用 8 年就這樣汰換了(※公家機關沒在怕，若私人企業主知道了，不吐血才怪)。汰換後，如果真能省能 25%也就算了，但是，換了一年之後，電費依然居高不下，教授說：「這是溫室效應、地球暖化，天氣太熱的關係」(※查看安裝前/後的年度氣象局資料，就知道並非事實)，教授沒有責任，機關承辦人員怕受懲戒，也不敢往上報。

　　※有不少的「節能績效保證專案」，因為學者專家所作的評估報告，過於膨風浮誇，導致在實測驗證時過不了關，而產生訴訟糾紛。

　　此外，現行的「綠建築評估手冊」中，也有"斷章取義"的情形，摘錄翻譯某些全球性學術單位的數據，作為綠建築評估的標準，歷經數個版本也不見修正，反正，**"大家都錯，就是對的"**。

(4)只知其一型專家

　　在全國百大企業的董事長餐會上，林董問王董：「看你眉開眼笑，最近是不是又賺大錢啦？」，王董回答說「哦！比賺大錢還爽，是因為困擾我兩年的偏頭痛，上個月終於治好了，當然開心啦！」。

　　「你是怎麼治好的啊？」林董接著問，王董回答說：「我的醫生團隊透過網路跟全球名醫舉行視訊診斷會議，確定我的偏頭痛病因，是兩顆睪丸太擠，割掉一個就ＯＫ。要割掉一個睪丸，本來我有點擔心，後來想一想，我已兒孫滿堂，睪丸少一個應該沒關係，於是三個月前，割掉一個睪丸後，果然不再痛了！」。

　　林董接著問：「你的偏頭痛是不是站著沒事，坐著、躺著就會痛？」，王董疑惑地問：「你怎麼知道？我又沒告訴你？」，林董說：「一年前我也有同樣毛病，後來就好了。」，王董問：「你怎麼好的？在哪家醫院開刀？」。

林董答說：「很多醫生也都要我割掉一個睪丸，但因為我年底要再婚，所以不敢割掉。後來有一天，我到百貨公司買內褲，本來要買 M 號的，櫃姐看了看我的腰，然後說：「阿伯，你要穿 L 號的，你穿 M 號的話，會偏頭痛，我不騙你，我有二個熟客人，就是這樣」。

「我聽她的話，買了半打 L 號內褲，在改穿 L 號內褲後，毛病就好了」，林董接著說：「本來我不知道為什麼，聽你這麼一說，才知道原來是內褲太緊，壓迫睪丸而導致偏頭痛」。王董：「☆＊#？！」。王董沒有罵出口，這下他才了解他的醫生團隊，真正是專家，實在太專業了，只知其一！

★只知其一型專家之例證

有些空調專家，經常參考國外文獻，專業知識好得沒話說，但就是缺少一點點常識邏輯，僅用專業知識做判斷，忽略現場的工況因素，讓業主花冤枉錢。

例如，某知名連鎖店家，在開幕熱潮過後，因樓上客人不多，室內太冷，請教空調專家要如何解決，專家的建議是加裝電熱器(※洗澡水溫太低，您會怎麼做？以常識邏輯思考，關小冷水量？或聽取業者專家建議，換大熱水器？)

又例如，某半導體工廠的恆溫恆濕空調廠房，在完工啟用時，發現室內溫度太低、濕度太高，原設計的空調專家說：「沒辦法，台灣的外氣濕度太高了，要再加裝大型工業用除濕機來除濕」。※專家自己設計錯誤，卻能硬拗，再讓業主自掏腰包買單！。

"只知其一"的專家，就像是"瞎子摸象"一樣，只專注在他所摸到的部位做解讀，專家犯了"常識貧血症"，只有專業知識，沒有邏輯常識；沒有錯，裝了電熱器、除濕機之後，問題雖然解決了，但是業主的荷包也變薄了(※其實有更簡單、省錢的方法)。

(5)身不由己型專家

上述四種類型的專家，亦有不為私利，只求自保，而成為官場特有的專家， "人在屋簷下，不得不低頭；長官有交代，不得不配合"。

官場上的專家，不管哪一類型，均要能察言觀色，體會高層的意旨，作出符合上級要求的結論。公家機構辦事總會找專家來背書、當門神或作公關，例如：學校營養午餐採購案、政策溝通行銷案或者公共工程環境評估案等，多有特定的人士在當專家評審委員。

依政府採購法第 94 條規定，「機關辦理評審，應成立 5 人以上之評選委員會，專家學者不得少於 1/3」。然而，各機關可自行遴聘專家學者擔任評審委員，並不以工程會資料庫登錄的名單為限，也就是評審委員可由各機關首長自行決定，以白話文來解釋，就是路人甲、乙、丙、丁，只要有人聘，均可當評審委員，進一步推論，機關首長想要讓採購標案由誰得標，都可能自行內定，這些各機關自聘的"委外"專家評審，很可能就是"身不由己"型的專家。

　　N 年前，老朽曾受某財團法人機構之委託，對某中央空調系統進行節能評估分析，由於該系統已使用 20 年以上，其中部份水管已嚴重結垢，無法測得水流量，因而無法執行完整的冰水機能耗分析，只能據實以告，請機關另請高明；那時候一起會測的承辦工程師說：「主管規定分析報告必須"數據化"，你將測不到流量的欄位空下來，我再來想辦法」，事後老朽看到報告時，果然已"數據化"了。

　　當然，官場中也有"不為五斗米折腰"的有骨氣專家；回顧第二篇所提的"珍愛藻礁"公投案，當年的「觀塘環評案」委員，是由 6 位官方代表及 15 位民間專家組成，前三次環評會議(2018/9/12、9/26 及 10/3)，因為多位民間評委缺席而流會，直到 2018/10/8 下午，在僅有 3 位民間評委出席，勉強湊足 10 位法定人數下，開會表決，以 7 票贊成、2 票廢票(※僅 1 位身不由己型專家評委投贊成票)的情況下，如高層長官所期待，通過「中油觀塘案」的環境評估，而當時的環保署副署長詹順貴在 10/8 上午發表「辭職」聲明，掛冠而去。※15 位民間評委中，只有一位願意為官方的政策背書，足見 2013 年蔡英文"藻礁永存"的承諾是正確的。

★高層長官皆專家★

嚴格來說，高層長官多是"道聽塗說型"的專家，這並不為過；總統、行政院長及部會首長等高層長官，經常需要宣佈重大的決策，而這些決策均是專業中的專業，因為高層長官日理萬機，不可能是"上通外太空，下達馬里亞納海溝"的全能專家；所以，其所有的決策選項必然是由幕後的智囊團專家整理、作簡報說明，最後再由長官擇一實施，其中也不乏"錯誤決策"的選項，就看智囊團隊是哪一類型的專家。事實上，只要有心，人人均可成為某一專業的專家。

老朽最佩服的高層長官，是被稱為"扁家御用律師"的顧立雄律師，他在 2016 年 9 月被任命「不當黨產處理委員會」主委時，應算是發揮法律專長，適得其所；然而，他在 2017 年 9 月轉任「金融監督管理委員會」主任委員時，曾遭國民黨砲轟為沒有專業的"路人甲"，但是，在他的 2 年 8 個月金管會主委任期中，不僅是他人生專業的大轉變，卻也放下身段，認真學習金融管理的專業，而做了許多興利、除弊的改革措施，並得到朝野的一致認同，成為任期第二長的金管會主委。

在目前許多的酬庸式之"官大學問大"長官中，但願他在另一個多重領域(2020.5.20)國安秘書長職位上，亦能轉型成功、跳脫藍綠惡鬥的枷鎖，而有傑出的表現。

7-2. 十年教改：諾貝爾大頭症

姑且回顧 1994 年，當時李登輝總統恭迎諾貝爾獎得主李遠哲博士，回台灣擔任中央研究院院長，然後把教改、政治、經濟及兩岸關係等棘手問題，全拋給李博士去傷腦筋，他確實已盡力了，但是…。

"十年教改"成功嗎？當年李博士接下"十年教改"的重責大任，原希望能給台灣學子一個快樂的學習、成長環境，結果，補習班不被消滅，反而愈來愈多，升學競爭愈來愈激烈，學子的負擔愈來愈重。

諾貝爾獎得主，應該算是專家中的專家，受世人尊敬，但是，諾貝爾獎得主，也有人患了所謂的「諾貝爾大頭症」，發表不當的論述；最具代表性的「諾貝爾大頭症」案例，有(1)黑人比白人笨(James Watson)、(2)實驗室應該性別隔離(Tim Hunt)及(3)智商不到 100 者，志願結紮應獲補助金(William Shockley)。而台灣本土的李遠哲博士，則是政治立場鮮明的專家，挺綠的立場沒有錯；但是，挺賴清德出來與現任總統搶當總統候選人，則並非明智之舉；因萊豬爭議而說出「糖也有毒，少吃就沒事」也沒有錯，這是李遠哲專業的化學領域，反萊豬者不應擴大解讀找碴，因為依 LD50(※Lethal Dose 50，半數致死量，數值愈小，毒性愈高)的標準，糖的毒性(13.5g/kg)，確實只有食鹽毒性(40.3g/kg)的 1/3，而糖與食鹽均是民生必需品。

李遠哲博士跨領域演出的「十年教改」，是受當時李登輝總統的重用，在 1994 年擔任行政院教育改革審議委員會召集人，而於 1996 年提出「教改總諮議報告書」，建議增加大學容量，並推動多元入學方式，紓解升學壓力。

結果，如圖 7-3 所示，大學數量由 1996 年的 67 所(+專科 70 所)，增至 2019 年的 140 校(+專科剩 12 所)，由於他的諾貝爾獎光環，「教改總諮議報告書」被視為「教改聖經」。

圖 7-3. 歷年大專院校的數量變化

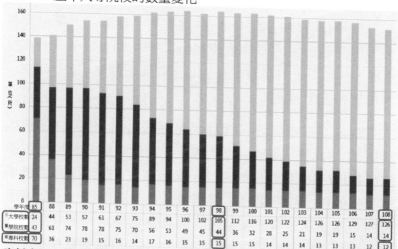

學年度	85	88	89	90	91	92	93	94	95	96	97	98	99	100	101	102	103	104	105	106	107	108
大學校數	24	44	53	57	61	67	75	89	94	100	102	105	112	116	120	122	124	126	126	129	127	126
學院校數	43	61	74	78	78	75	70	56	53	49	45	44	36	32	28	25	21	19	19	15	14	14
專科校數	70	36	23	19	15	15	17	16	15	15	15	15	15	15	14	14	14	13	13	13	12	12

資料來源：1.國家發展委員會-人力資源發展統計分析-統計分析圖表彙編-高等教育與職業訓練
2.教育部統計處網站，主要統計表-歷年，各級學校，各級學校概況表(80~108 學年度)

專科改制大學後，「研究所大學化，大學高中化」，大學錄取率百分百(※有些大學科系招不到學生)，1996 年的大學 67 所，專科 70 所，到 2009 年時，大學 149 所，專科 15 所，專科晉升為大學之後，衍生出高學歷、高失業率之社會問題，學歷貶值了，社會價值觀也隨之扭曲了。

高不成、低不就，大學生不願當技術性的基層，寧可到大飯店、賣場、百貨等服務業工作；不但水電、土水、車床、修(機)車等黑手業的學徒及雜工(※免經驗、日薪 2k)，仍乏人問津，連高科技產業的廠務、機電、維護等起薪 38k 的學士工程師也等嘸人；反而是月薪 28k 的助理、客服等職缺搶破頭，甚至還有自行削價競爭的。

少子化時代的來臨，一路培養高中程度之大學生及專科程度之碩士生的 C 咖大學,已面臨關門危機(※流浪教授上路，已是不爭的事實了)，因此，教授不敢當(flunk)學生，大學放榜後還得趕緊去拉學生。

某專家感嘆說:「…現在的電機系畢業大學生,不會修發電機」。其實,不要說是大學生,就連電機系教授也不會修發電機(※修發電機的專家是高職技工,學徒出身的黑手,單手也能修。修發電機、修機械是進入職場後,才開始學習的,OK？)。教育專家還天真的以為電機系大學畢業生會修發電機、電動機及電什麼機的,會用三用電錶就偷笑了。

專科改制為科技大學後,也跟一般大學互搶高中生。碩士班提前到 1 月考試(※很久以前,研究所是七月考試),甄試更在高三上學期就掛免試牌(※高三下學期還會認真聽課嗎？)。而高職教育,換湯也換藥,改以升大學為導向,原本高職→二專(或國中→五專)→進入職場,三、五年工作經驗→直攻研究所的技職教育之終南捷徑,徹底被拆了。

技職教育體系玩完了！難怪製造業、電子業及傳統慘業都找不到技術員工了！看看瑞士、日本及韓國的技職教育制度,那些搞跨台灣技職教育制度的教育專家,能不汗顏乎？早該去跳愛河…(※游泳啦！)

廣設大學後,不少教授半路出家,教一些連自己都不懂的科目。某菜教授,被指定教電腦繪圖,因完全不懂,趕緊利用暑假期間去補習班惡補(※已算是很有良知了)；某建築博士菜教授,奉命開「高樓機電設備概念」課程,連幫浦跟馬達都分不清楚的建築專家,怎麼能讓學生有「機電設備概念」？更不用說一些五花八門的自創學科了。

科系增加了,一半以上的畢業生,學非所用,有些科系,光看系名就知道是"畢業即是失業"的科系(※只有教育專家不知道)；不久之前,老朽參加喜宴,與同桌人士交換名片,他的名片抬頭是"性學碩士",不知何種行業需要"性學碩士"學歷？這種產碩班的碩士論文是在探討性學知識？還是砲擊姿勢？而有些科系的研究生人數多於大學生。※研究生學分費卡好賺,更遑論不少美其名為「產碩班」的"賣碩士學位班"。

2013年起,考選部就取消(專科)護士普考,改為(大學)護理師高考,花冤枉錢多唸二年書的護理師們,您的護理工作變高級了嗎？或者,原本只需要五專畢業即可參加的專門職業技術人員(技師)高等考試,改為大學畢業才有應試資格；新科技師們,您的技術層次提昇了嗎？如果工作沒有變高級、技術沒有變高竿,那大學生的薪水漲了沒？

當然沒有，大學專科化，您領的是以前專科生的薪水，是理所當然的。

1980 年以前，高(中)職畢業生，只有約 30%上大學，30%讀專科，剩下的 40%，只好認命先入職場或去當兵(※男生滿 20 歲，上不了大學就要先去當兵)。如今，專科學校僅剩 12 所，因此，「學士黑手、高中學徒」的時代，也正式來臨了！大學畢業生應徹底覺悟，以前高(中)職生在做的技術基層工作，已成為大學生的天職了！

博士報考公務員普考，搶高中(職)生的職缺，已不是新聞，2012 年，30 位博士報考普考，全部摃龜，爾後每年亦有博士考上普考，因而提高了台灣公務員的水準。職業無貴賤，博士願當工友、臨櫃員，從基層做起，值得鼓勵 (※學非所用，浪費教育資源)，用香港腳想也知道，博士是"騎驢找馬"。

"十年教改"是李博士之錯嗎？非也，只因為一般人認為博士是專家，什麼都懂，對他寄予過高的期望，然而，他是化學諾貝爾獎得主，本業是化學領域，要他承接教改、政治、財經等重責大任，也未免太超過了。※建議教育部將學有專攻的博士，正名為"專士"，而廣修通識課程的大學生，正名為"博士"。

談"十年教改"，不得不順便一提，被歷代教育部長引以為德政的"助學貸款"政策；寬鬆的"助學貸款" 政策正確嗎？讓許多的青年學子，在尚未搞清楚自己的興趣或人生方向時，一路遊學到研究所(※老朽 35 歲才決定辭掉 11 年的工作，前往美國攻讀機械碩士)，畢業時已身負四、五拾萬元的債務，月薪 40k 的工作，也難以顧肚子又還貸款，於是邊工作、邊詛譙，昨日之德政反成為今日之民怨。

不過，相信很多人均得感謝李遠哲，在廣設大學而進化成所謂的"產碩專班"、"在職專班"之後，最大的"實質功德"，是升學管道暢通了！讓當年沒機會唸研究所的人，在人生方向已確定、家庭經濟已穩定後，再回校進修，一圓碩(博)士夢。當年以專科生資格，考上電機、冷凍空調等技師者，以及一些資深電焊工、水電工、工程公司老闆，能有機會利用夜間及週末，回校在職進修，直攻碩士學位，反而比大學生少唸二年書。

"十年教改"萬歲！萬萬歲！朝教育部方向三鞠躬！當年一批專家的"十年教改"政策，印證了「錯誤決策比貪污更可怕」的論述。"十年教改"後，為了甄試進大學的幹部積分，除了傳統的正、副班長、風紀股長及學藝股長等外，又增設了擦黑板長、抬便當長、掃廁所長等幹部。

後來，另一批專家又推出"十二年國教"的大菜；十二年國教實施後，為了免試升學，進入好學校，除了幹部爭奪戰外，還增加幹部、社團、服務、競賽、體適能等超額比序戰，家長也得幫忙找關係，替孩子找當志工的機會。為了超額比序戰，有補習班也開班授課。從國小開打，一路征戰到高三，您認為現行的十二年國教後，學生及家長們，是像童話故事一樣，從此沒有壓力、不用補習，過著幸福快樂的日子嗎？天佑青少年及陪著受苦、受難的家長們！

7-3. 專家的不可靠性，跟聖筊機率一樣高

　　到處都充斥著各種類型的專家(※路邊招牌掉下來，砸到路人甲、乙、丙、丁，甲、乙是專家)。因此，專家的"不可靠性"(※專業術語叫 Uncertainty，說好聽一點是不確定性)，高達 50%，跟拜拜擲筊的聖筊機率一樣高。

　　緯來日本台曾經播放"矛盾大對決"節目，節目中，以"以子之矛，攻子之盾"的對抗例，要來賓猜猜看，哪邊會贏，並請學者(教授)專家，做學理分析、預測輸贏，其中某教授專家連錯 12 次(※機率是 1/2 的 12 次方，即萬分之 2.4)，還真不容易，不過，是否是為了搞笑、故意猜錯，以提高收視率，就不得而知了。

　　公共電視曾經播出怪醫豪斯(HOUSE M.D.)影集(※共八季，專家一定要看，不犯錯的專家，不是專家)，豪斯醫師及其團隊是頂尖的醫師專家們，專門處理別人無法解決的怪病。一集 50 分鐘的影片中，前 45 分鐘，醫生專家們提出的對策，一路錯到底，過程中，不斷地以常識邏輯思考法、比較分析法、錯誤嘗試法找答案，直到第 46 分鐘才會找出正確的方案。

　　每逢太平洋形成新的颱風時，氣象專家們會開始預測颱風的路徑，由台灣頭猜到台灣尾，經常錯放"颱風假"，這要怪誰？氣象專家都沒有錯，是民眾對氣象專家的期望過高了！錯在決策高官及民眾均認為"颱風路徑是可預測的！"。因此，氣象專家硬著頭皮，根據其專業的颱風理論及歷

年來的颱風路徑經驗來預測。※人算不如天算；天算不如長官說了算！

其實，颱風跟人一樣，會硬拗(※原地滯留)、會耍帥(※急轉彎、加速狂飆)，真正要猜準颱風路徑，僅能以 2 小時前的預測為依據，才有可能準確。

有時候，專家難免賣弄專業知識或為了譁眾取寵(※衝高點閱率)而玩弄統計操控；例如，論文證明吃某食品或魚類會致癌等，結果，在民眾抗議後，專家才趕緊自圓其說，找台階下，說「每天吃 5 公斤，連續三個月才會致癌之類的」。用"常識思考法則"判斷，這些食品，多已吃了 NN 年了，大家都沒事，那大概就是專家的論述有誇大之嫌了。

然而，外國的月亮也沒有比較圓，2012 年 12 月 4 日華視新聞就曾報導過：「美國研究顯示，75%的致癌食品報告，多危言聳聽」；「依美國哈佛大學公共衛生學院研究市售常見的 50 種食品，其中有 40 種曾被指為"致癌風險食品"，包括炸薯條、甜甜圈、爆米花、隔夜茶及微波食品等，但是，經過進一步研究，高達 75%的報導，均缺乏充分的佐證數據」。

在**食力網站**中，有篇「**媒體報導吃什麼都致癌　真的有那麼嚴重嗎？**」的報導(2018/1/17)，《食力》的研究顯示，關於食品致癌物的討論貼文，在 2017 年高達 2 萬 6308 則，這些貼文的內容如圖 7-4a 所示，從肉鬆、雞蛋、蔬菜、蘋果汁、大蒜、米到各式各樣的水果，只要是日常生活中會出現的食材，均有可能被畫上「致癌物」的可能性。《食力》查詢世界衛生組織(WHO)公告的清單後，發現真正對人類較有致癌疑慮的食品，只有被列為第一級致癌物的加工肉、鹹魚，以及第二級的紅肉、醃漬蔬菜與超過 65℃ 以上的熱飲而已(※圖 7-4b)，而即使是這些食物，也並不是吃了就一定會致癌。

圖 7-4a. 媒體報導的食品致癌物 圖 7-4b. 世界衛生組織公告的致癌食品

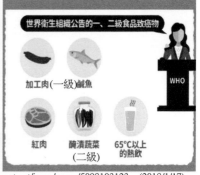

資料來源：《食力 foodNEXT》https://www.foodnext.net/issue/paper/5098103123　(2018/1/17)

其實，不管任何食品，吃太多均會有風險，對升斗小民而言，最重要的是要有"分散風險"的概念，不管"多好吃、多愛吃"的食品、料理，都不宜經常吃，以降低因飲食而致癌的風險。

在 AsapSCIENCE 的 YouTube 頻道中，有二段 3 分多鐘的「This Much Will Kill You」影片，可看見許多"少吃沒事，多吃致死"的日常食品，例如：一次喝水 6 公升、咖啡 70 杯、9 公升可樂、40%烈酒 585ml(c.c.)；或吃 480 根香蕉、85 條大巧克力棒及 129 湯匙的黑胡椒粉，均可能致命。

衛福部國健署每年會公佈國人罹癌資訊，依 2020 年 6 月及 12 月的公佈資料，2018 年台灣每 4 分 31 秒，就有 1 人確診罹癌，此數據無形中助長了保險公司的健康險及壽險業績。「**每 4 分 31 秒就有 1 人確診罹癌**」，標題聳動、有新聞性，能吸引讀者目光；然而，這是合法的"統計操控"方式之一而已，如果中規中矩改寫成「**每年有 116,131 人確診罹癌**」，就沒有新聞性，也吸引不了讀者的關愛眼神。

圖 7-5 是 2014～2018 年之間的「癌症時鐘」統計數據，確實容易被罹癌時間嚇到趕快買癌症險，若僅看每年的確診人數 116,131 人(2018 年)，則沒有危機感(※平均人口確診率僅 0.49%)，如果知道 2018 年的癌症死亡人數僅 50,232 人(※平均人口死亡率 0.21%)，而 2018 年之交通事故<u>傷亡</u>人數高達 457,382 人(※圖 7-6)，則又要加買意外險(※2018 年台灣交通事故的<u>死亡</u>人數僅 2,865 人)，這就是統計分析的奧妙，全看統計分析報告如何寫。

※癌症期別分為 0、1、2、3、4 五期，除了有"癌王"之稱的胰臟癌外，大多數被確診的癌症多為 0～2 期，治癒率高，且多有健保給付。※"癌王"胰臟癌確診時多已進入第 3 期以上，死亡率高達 9 成，每年的胰臟癌確診病患約 2,500 人。

數據會說話？做伙來找碴！

圖7-5. 台灣近5年癌症時鐘與罹癌人數

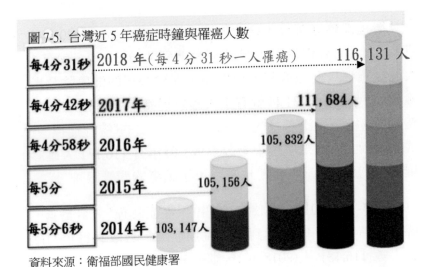

每4分31秒	2018 年（每4分31秒一人罹癌）	116,131 人
每4分42秒	2017年	111,684人
每4分58秒	2016年	105,832人
每5分	2015年	105,156人
每5分6秒	2014年	103,147人

資料來源：衛福部國民健康署

圖7-6. 2019年道路交通事故傷亡人數(占比)

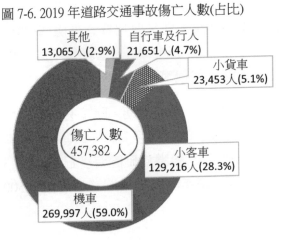

其他
13,065人(2.9%)

自行車及行人
21,651人(4.7%)

小貨車
23,453人(5.1%)

傷亡人數
457,382 人

小客車
129,216人(28.3%)

機車
269,997人(59.0%)

資料來源：行政院主計總處「國情統計通報」第49號(2020/3/17)

7-4. 專家流言終結者，非您莫屬！

父母及老師教導學生不可說謊，自己卻做不到，因為 Everybody lies！老朽也會說謊，白色謊言、蓄意欺騙、面子之爭等；說謊的動機一大堆，例如：(1)避免受罰、(2)避免尷尬、(3)避免危險、(4)善意謊言、(5)保護隱私、(6)保護他人、(7)獲得獎賞、(8)獲得不當私利，和(9)維護權力等，常人一生至少會說五種謊言。「我沒有！」有人大聲說(※不要說謊)，後三項謊言多數人不會說，也可能沒機會說，但是，政客們一定要說，加上硬拗的本事，才能避免被揭穿。

"不說謊，就不必圓謊；一說謊，就得說更大的謊來掩飾"！

此外，法官是法學專家，但是，有不少恐龍法官的判決案例，或是同一訴訟事件，由一審、二審、三審、上訴再上訴，判決結果卻顛三倒四。每個法官不都是法學專家嗎？怎會有生死兩極的判決呢？或是違反常識邏輯，對於被捉姦在床、錄影存證的案件，卻能硬拗成"蓋棉被純聊天"，乾脆以擲筊或猜拳決定算了。

2019 年 7 月發生在嘉義火車站的鐵路警察命案，2020 年 4 月嘉義地方法院，依榮總嘉義分院的「精神鑑定報告書」，以兇嫌罹患"思覺失調症"為由判無罪，當時各界一片譁然，引起社會議論；因為殺警是觸犯天條，不僅一審的鑑定醫師及法官被肉搜公審，連總統府也出面說"支持上訴"，而行政院長也質疑「一個鑑定夠嗎」？在這種情形之下，二審的法官及鑑定醫師能沒有壓力嗎？

2021 年 2 月，二審的台南高等分院，採用成大醫院的「精神鑑定報告書」，改判 17 年有期徒刑，一審、二審的法官及鑑定醫師，均是"有所本"的專家，老朽的"常識邏輯思考法則"，無法判定誰是誰非，不過，萬一兇嫌的家屬/律師，再花錢提出二份可證明無罪的「精神鑑定報告書」，三審法官在"長官有期待"及社會輿論壓力下，要如何判決，建議檢方宜再準備 2 份"證明有罪"的「精神鑑定報告書」，以確定兇嫌能定罪，才能符合長官與社會輿論的期待。

流言終結者(MythBusters)是 Discovery 頻道的長青節目，每集節目對許多"似是而非"的事件做實例測試，包括 007 系列電影及馬蓋先(MacGyver)影集中的許多主角克敵方法，逐一模仿測試，結果有高達 90%的方法，均被"**判定為假**"(Myth Busted)，而這些克敵技術，僅在學理上可行，只是實際上並沒有那麼大的效果，必須經過特效處理才能達到劇情中的效果。

"十個專家，九個ㄆㄧㄢ、，一個還在ㄅㄧㄢ、！"，但願還在練的未來專家，能有孔子之「吾不如老農，吾不如老圃」的"承認不懂"精神。專家要能「在錯誤中求進步」，知錯即改，功德一件。有些專家確實有專業知識，但就是沒有邏輯常識，或因只知其一、以偏蓋全，而成為恐龍專家，高談似是而非的論述，積非成是、混淆視聽而誤導消費者。

★仔細觀察，小心求證★

某醫學院大一新生的第一堂實驗課時，教授要每個人（※包括教授本人），拿杯子到廁所裝自己的尿液、再帶回實驗室。教授說：「各位日後將當醫生，應先了解自己的身體；首先，由試嚐自己的尿液做起，了解不同身體狀況時的尿液味道，請各位同學仔細看、跟著我做。」

教授將手指頭放入自己的尿液杯中，沾尿液後再用舌頭舔一舔；學生們看到教授帶頭嚐尿，只好硬著頭皮跟著做！教授問：「味道如何？」，許多同學皺著眉頭，回答尿液的味道，酸、甜、苦、辣…。其實，教授是"以食指沾尿液、以舌頭舔中指"，未"仔細觀察"的同學，就上當了！

★仔細觀察、比較分析、檢討改善，在錯誤中求進步★

「專家專門整人家」之謬論，就此打住。不要為難專家了，是鄉民自己不爭氣，凡事依賴專家，專家亦有難言之苦。看倌們應自力救濟，啟動被蒙蔽已久的"常識邏輯思考"潛能，辨明真偽！通常，以常識邏輯思考法則，即可解決 70%的事情疑惑，剩下的 30%，才需要仰賴真正專家的專業素養。接下來就看運氣了，看您會遇上哪類型的專家。

孔子說：「諫有五，諷為上」& 孟子曰：「說大人，則藐之」老朽是苦口伯心，看倌們您若是上述五類專家之一，請寬宏大量、大人不計小人過，假裝沒看過就好！

　　每件事情均有「寬廣的灰色模糊地帶」，可任憑專家自由發揮，錯了也有台階下。只要以常識邏輯思考，雖然不能成為專家，但"專家流言終結者"，非您莫屬！

特別篇：「安樂死：政府基金破產的終極對策？」

依監察院在 2019 年 9 月 6 日公告的(108 財調 0054)調查報告，各基金的破產年度分別為勞保基金(2026 年)、教保基金(2030 年)及公保基金(2031 年)，而衛生署的精算專家團隊，預估健保基金的破產年度在 2022 年～2025 年之間。政府對於各種基金破產危機的對策，除了國庫補貼(※債留子孫)外，就是漲費率、漲保費，別無良策。

「**家有一老，如有一寶**」已是上世紀的傳說，取而代之的是「**家有一老，全家皆倒**」的現實，長壽真的幸福嗎？根據衛福部統計處之數據，國人"不健康(失能、臥床及慢性病纏身等)的生存年數"為 8.4 年，需要長照的老人/失能者，不僅自己痛苦，也可能毀了看護家人的後半生。

依文青恐慌症候群「109 年度國人「失能及長期照護知識」調查與統計」所示，2019 年失能者人口已突破 116.3 百萬人，而照護者的人力，家人占 65%。因為政府的長照政策，對於失能者家庭無法提供妥善的協助，有人為了照顧長年臥病在床的失能者而發生悲劇。

2012 年日本暢銷書「**七十歲死亡法案、可決**」(※中譯本書名：「70 歲死亡法案，通過」)，認為重振國家經濟最有效的辦法，就是「**70 歲以上的老人，請您去死吧！**」，這大概是下流老人"可回收"的剩餘價值吧？

這不是危言聳聽的都市傳奇，而是日本「姥捨山」故事(※將年邁的親人帶到山上遺棄，任其自生自滅的民間故事)的現代版，是政府與民眾即將面對的殘酷現實--「安樂死」。現在的"下流老人"，必然很後悔，小時候過於相信"24孝"的童話故事，導致現在成為子女互踢皮球的拖油瓶，苟活不如好死。

日本的「七十歲死亡法案、可決」一書，在 2012 年出版時，年銷 100 萬本，對日本社會引起極大的震撼而成為暢銷書，其原因之一是書名聳動，加上類似報紙頭版的(國會表決)畫面；本書作者垣谷美雨，以小說型態，描述「七十歲死亡法案」通過並即將實施的 2 年前，一般小庶民人物之內心的歡欣、罪惡與道德倫理的衝突與掙扎的真實人性，其實也是台灣有長照需求家庭的真實寫照，內容發人深省。

"安樂死"在日本是"禁忌"的話題，日本 NHK 電視台曾於 2019 年 6 月 2 日播出特別記錄片「她選擇安樂死」(彼女は安楽死を選んだ)，全程跟拍 51 歲的小島美奈於 2018 年 11 月遠赴瑞士進行安樂死的過程，並探討日本人尋求"安樂死"的問題。

2018 年 6 月，資深媒體人傳達仁先生遠赴瑞士接受協助安樂死的新聞，才又使台灣「安樂死法案」引起社會大眾的關注，傳先生生前積極推動「安樂死法案」，在他兒子傳俊豪及立法委員許毓仁等人的推動之下，台灣的「尊嚴善終法草案」(※俗稱安樂死法案)，於 2019 年 11 月初在立法院通過一讀，也許不久的將來，台灣會成為亞洲第一個「安樂死」合法化的國家。

對於"安樂死"，學者、法界及民眾有正反兩極的看法，*「安樂死法案」是讓飽受病痛折磨的病人有安樂死的請求權；平心而論，「安樂死法案」有其存在的必要性*，因為傳達仁先生及其家人兩度遠赴瑞士尋求協助"安樂死"的鉅額費用，並非一般民眾所能負擔的起。

贊成"安樂死"的人，認為"安樂死"除了讓飽受病痛折磨的病人得以解脫外，也可以解除活著家屬的內疚與自責，目前可執行(主動/被動)安樂死的國家/地區，有荷蘭、比利時、盧森堡、哥倫比亞、加拿大、荷比盧、瑞士、澳洲的維多利亞洲，以及美國七個州和華盛頓特區等 18 個國家/地區，荷蘭是全球第一個「安樂死」合法化的國家，早在 2002 年就依法規定：「飽受折磨的病患有權利選擇"安樂死"」，現在亦在研議：「無病痛長者之安樂死的可行性」。

我曾去醫院探望一位已癌症末期的朋友，他說他已簽妥「放棄急救同意書」和「遺體捐贈同意書」，並告訴 2 位子女說：「昏迷不醒時，絕對不要急救」，2 位子女黯然同意；結果，住在美國的長子，接到病危通知回台灣到醫院時，對弟妹及主治醫生說：「絕對不可以放棄急救，現代醫術這麼進步，一定有辦法延續生命的，錢我出」。醫生(怕被告)只好不拔管、不拆呼吸器，又折磨了 10 多天，病人才去逝；家屬有權利變更意識清醒病人所做的"放棄急救同意書"決定嗎？病人本身的身心痛苦，家人能夠理解嗎？對於飽受病痛折磨的臥床老人，活著的意義是什麼？

　　日本每年約有 10 萬人因為照護家人而辭職，長期照護自己的病痛親人能撐多久？根據*日本厚生勞動省的統計，在 2006 年至 2015 年的 10 年間，長照看護殺害親人(※介護殺人)的悲劇共有 247 件(※每年 25 件，每 15 天 1 件)。*

　　再看以下三則台灣的長照悲劇報導：

①一名 55 歲男子，疑似因為長期照顧 85 歲老父親加上經濟壓力，在深夜開車載父親外出，先在車上勒斃父親之後再上吊輕生，結束自己跟父親的生命！（2019 年 1 月 11 日新聞）

②一名 74 歲婦人，去年 10 月因不堪長期照護丈夫的壓力，趁丈夫睡覺時，持鐵榔頭打死丈夫，被依殺人罪起訴。（2019 年 3 月 7 日新聞）

③嘉義市一名老翁，疑似拿酸液前往長照機構，企圖先灌食感情良好但已無法言語的臥床妻子再自殺，造成 1 死 3 傷的慘劇。(2020 年 8 月 23 日新聞)

　　長照悲劇的案例逐年增加，依台灣「家庭照顧者關懷總會」統計，2017 年 12 件、2018 年 20 件，依人口比例來說(※日本約 1.2 億人，台灣約 2,300 萬人)，顯然台灣的"(長照)介護殺人"已成為不容忽視的老年社會問題，已並非現行的「長照 2.0」所能應付的；"介護殺人"誰之過？是長照家庭的業障？還是政府的"借刀殺人"之計？

　　平心而論，"安樂死"有其存在的必要性，對於失能者或其監護人，應給予"安樂死"的選擇權。「安樂死法案」雖然已通過一讀，但可能過不了"三讀通過"這一關，如同 1997 年 6 月開始實施的"騎機車戴安全帽"政策，也曾一度"喊卡、暫緩實施"。通常，一個首創先例的政策，要先經過 5～10 年的教育(洗腦)宣導，讓多數民眾接受後才能成功。

　　目前多數人仍有倫理道德觀的束縛，卻也不忍病痛家人之"痛不欲生"的情景，「安樂死法案」如果以"公投方式"表決的話，過關的機率相當高，因為經由立法安樂死，至少可以降低家屬的"罪惡感"。

　　家母中風長達 11 年，在 91 歲那年，因為直腸破裂出血住院治療 10 多天，回家之後迄今 1 年多，不再開口與家人說話，只用搖頭、點頭表示，哀莫大於心死，痛在母身，疼在我心，因而有感而發、撰寫本文。

　　現代的網路科技發達，如果「安樂死」可經由政府單位的網站，及各電視台/電台媒體的密集宣導，不出 5 年，就像"戴安全帽"及"繫安全帶"的政策一樣，水到渠成，「**安樂死法案」既可解決病人及家屬的慘境，順便也可解決政府各種基金面臨倒閉的財務危機。**因此，**安樂死**應可算是政府基金破產的終極對策。

註：本文摘自拙作「拒當下流老人的**退休理財計劃**」，書中提供 25 檔適合退休理財用的穩健型股票資料。

國家圖書館出版品預行編目(CIP)資料

數據會說話？做伙來找碴！/何宗岳(股素人)作.
--初版.--高雄市：凱達節能科技有限公司,2021.8
面；14.8*21.0 公分--(凱達；S02)
ISBN 978-986-89257-5-5(平裝)
1.社會科學 2.社會問題 3.時事評論
542   110009490

數據會說話？做伙來找碴！

作　　者：何宗岳(股素人)

排版編輯：李宜庭、何孟樺

出 版 者：凱達節能科技有限公司

　　　　　81358 高雄市左營區德威街 106 號

　　　　　電話：(07)5571755

　　　　　傳真：(07)5572055

　　　　　email：sales.tempace@msa.hinet.net

　　　　　http://www.tempace.com.tw

代理經銷：白象文化事業有限公司

　　　　　401 台中市東區和平街 228 巷 44 號

　　　　　電話：(04)2220-8589

　　　　　傳真：(04)2220-8505

製版印刷：興華印刷所

初版一刷：2021 年 8 月 1 日

定　　價：340 元

　ISBN　978-986-89257-5-5